Wörterbuch Lebensmittelrecht

Englisch – Deutsch
Deutsch – Englisch

Dictionary Food Legislation

English – German
German – English

W0332597

Wörterbuch Lebensmittelrecht

Englisch – Deutsch
Deutsch – Englisch

Dictionary Food Legislation

English – German
German – English

Erich Lück

BEHR'S...VERLAG

Bibliographische Information Der Deutschen Bibliothek

Die Deutsche Bibliothek verzeichnet diese Publikation in der Deutschen Nationalbibliografie; detaillierte bibliografische Daten sind im Internet über http://dnb.ddb.de abrufbar.

1. Auflage 2002

ISBN 3-89947-231-4

© B. Behr's Verlag GmbH & Co. KG, Averhoffstraße 10, 22085 Hamburg

E-Mail: info@behrs.de • Internet: http://www.behrs.de

2. Auflage 2006

Herstellung: Behr's Verlag, 22085 Hamburg

Alle Rechte – auch der auszugsweisen Wiedergabe – vorbehalten. Autoren und Verlag haben das Werk mit Sorgfalt zusammengestellt. Für etwaige sachliche oder drucktechnische Fehler kann jedoch keine Haftung übernommen werden.

Geschützte Warennamen (Warenzeichen) werden nicht besonders kenntlich gemacht. Aus dem Fehlen eines solchen Hinweises kann nicht geschlossen werden, dass es sich um einen freien Warennamen handelt.

Vorwort

Die englische Sprache ist längst zur lingua franca der Lebensmittelwissenschaft und der Lebensmitteltechnik geworden. Die Lebensmittelwirtschaft ist gefolgt, denn Lebensmittel werden in großem Umfang international gehandelt. Man mag es bedauern oder nicht, die Korrespondenz und der Handelsverkehr selbst mit unseren nicht-englischsprachigen Nachbarländern wird zunehmend in Englisch abgewickelt. Für Manager, Kaufleute, Techniker und andere Führungs- und Fachkräfte ist deshalb eine solide Kenntnis der englischen Sprache, auch und insbesondere der Fachsprache unerlässlich geworden. Wer sich nicht englisch ausdrücken kann, muss zumindest die englischsprachigen Fachbegriffe kennen und verstehen.

Im Lebensmittelrecht hat sich die Situation inzwischen in die gleiche Richtung entwickelt. Der Verkehr mit Lebensmitteln wird in mancher Beziehung vom Lebensmittelrecht der USA beeinflusst. In Europa herrschen zwar inzwischen (fast) einheitliche Gesetze, Rechtsbestimmungen und andere Vorschriften. Sie werden auch in alle Amtssprachen der EU übersetzt: Dennoch sind viele ihrer Quellen aber zunächst nur in englischer Sprache erhältlich. Und, in der Praxis wickeln sich die meisten Diskussionen im Vorfeld ihrer Entstehung in englischer Sprache ab. Folglich kommt man auch auf dem Gebiet des Lebensmittelrechts nicht mehr ohne fundierte englische Sprachkenntnisse aus.

Wo findet man aber den richtigen Einstieg in die einschlägigen Rechtsbegriffe? Selbst die großen gemeinsprachlichen Wörterbücher lassen einen schnell im Stich. Es kann auch nicht deren Ziel sein, eine Nische, wie das Lebensmittelrecht exakt und zuverlässig abzudecken. Auf der nächsten Stufe ist es nur wenig besser: Die zahlreichen zweisprachigen juristischen Fachwörterbücher behandeln das Lebensmittelrecht, ein rechtliches Randgebiet, aus verständlichen Gründen ebenfalls nur unzureichend. Außerdem sind sie dem normalen, nicht juristisch geschulten Lebensmittelfachmann ohnehin kaum zugänglich.

Als der Behr's Verlag mir vor einigen Jahren die Anregung gab, diese Lücke zu füllen, musste ich als Autor des dort im Jahre 2002 in der 4. Auflage erschienenen „Großwörterbuch des Lebensmittelwesens“, dem weltweit größten englisch-deutschen Fachwörterbuch auf diesem Gebiet feststellen, dass der Sektor Lebensmittelrecht leider selbst hier Defizite aufweist. Umso lieber habe ich mich bemüht, sie im Jahre 2002 mit der ersten Auflage dieses Fachwörterbuches, zu minimieren.

In der Zwischenzeit ist in der EU eine große Zahl weiterer Verordnungen und Richtlinien erschienen, deren Vokabular in der ersten Auflage dieses Fachwörterbuches nicht abgedeckt werden konnte. Das 2005 in Kraft getretene Gesetz zur Neuordnung des Lebensmittelrechts mit dem Lebensmittel-, Bedarfsgegenstände- und Futtermittelgesetzbuch (LFGB) hat den Wortschatz des Lebensmittelrechts stark erweitert und das Futtermittelrecht weitgehend einbezogen. So mussten in die zweite Auflage dieses Spezialwörterbuches zahlreiche Begriffe mit ihren englischsprachigen Entsprechungen neu eingebracht werden. Der Umfang dieses Wörterbuches hat sich dadurch gegenüber der ersten Auflage um ca. 80 % erhöht.

Ich danke Frau Christiane Sprinz für ihre kritischen Bemerkungen und fachlichen Hinweise.

Bad Soden, 2006 — Dr. Erich Lück

Autor

Dr. Erich Lück

Nach dem Studium der Pharmazie und Lebensmittelchemie an den Universitäten Mainz und Frankfurt a. M. und der Promotion im Fach Lebensmittelchemie war Dr. Erich Lück 35 Jahre lang in der Industrie in der Forschung und Entwicklung von Lebensmittelzusatzstoffen tätig. Er hat neben vielen Fachartikeln in Zeitschriften mehrere Monographien und Fachbücher sowie das im Behr's Verlag publizierte „Handbuch Lebensmittelzusatzstoffe“ verfasst oder mit herausgegeben. Einige davon sind ins Englische, Spanische, Arabische und Russische übersetzt worden.

Sein besonderes Interesse für die Fachterminologie des Lebensmittelwesens hat seinen Niederschlag in einschlägigen zwei- und mehrsprachigen Fachwörterbüchern gefunden. Zahlreiche der im Behr's Verlag erschienenen Fachwörterbücher hat er als Autor oder Koautor erstellt oder redaktionell begleitet. Hervorzuheben ist dabei sein im Jahre 2002 in der 4. Auflage erschienenes „Großwörterbuch des Lebensmittelwesens“ Englisch-Deutsch mit ca. 50.000 Wortstellen und mehr als 70.000 Übersetzungen. Daraus sind im Jahre 2004 ein „Kompaktwörterbuch der Lebensmitteltechnologie“ Englisch-Deutsch und Deutsch-Englisch mit ca. 10.000 Wortstellen in jeder Sprachrichtung und kleinere zweisprachige Spezialwörterbücher über Aromen und Gewürze sowie Lebensmittelzusatzstoffe entstanden.

Das topaktuelle Angebot für Ihre Rechtssicherheit

So sichern Sie Ihre unternehmerischen Entscheidungen professionell ab!

Gesetzesänderungen und neue Verordnungen im Lebensmittelrecht gehören schon zum Alltag. Hier gilt es, stets vorbereitet und auf dem aktuellsten Stand zu sein. Die **Textsammlung Lebensmittelrecht** bietet Ihnen:

- **Aktuelle, konsolidierte Rechtstexte**
- **Übersichtliche Sortierung nach Themengebieten**
- **Vielfältige Suchhilfen zur leichten Orientierung**

Textsammlung Lebensmittelrecht
Herausgeber: *H.-J. Rabe/M. Horst*
begründet von G. Klein/ H.-J. Rabe/H. Weiss

3 Ordner, DIN A5, ca. 4.500 Seiten
ISBN 3-86022-314-3

mit Behr's NewsService*
€ 79,50 zzgl. MwSt.
bei Abnahme von mindestens 2 Aktualisierungen

ohne Behr's NewsService
€ 199,50 zzgl. MwSt.

Aus dem Inhalt:

- Allgemeine Bestimmungen u.a. LFGB, Kennzeichnung, Hygiene, Zusatzstoffe, Rückstände und Kontaminanten, Bestrahlung
- Regelungen zu diätetischen Lebensmitteln, Novel Food, Erzeugnissen aus ökologischem Anbau
- Zusätzliche Regelungen, z. B. Eich- und Fertigpackungsrecht, Gentechnik, Futtermittel, Arzneimittel, Chemikalienrecht
- Einzelne Lebensmittelgruppen, u.a. Fleisch (inkl. Rindfleischetikettierung), Milch, Fisch, Fette, Öle, Brot und Backwaren, Obst, Gemüse, alkoholfreie Getränke, Spirituosen, Wein, Bier, Süßwaren, Trinkwasser

*Aktualisierungslieferungen halten Ihre Praxishandbücher immer auf dem neuesten Stand. Sie sind stets über alle wichtigen Änderungen informiert. Dieser Service wird separat berechnet und kann nach erfolgter Mindestabnahme von 2 Aktualisierungslieferungen jederzeit storniert werden.

Unsere aktuellen Angebote bestellen Sie per

Telefon: 040 - 227 008-0 **Telefax: 040 - 220 10 91**
e-mail: info@behrs.de **Internet: www.behrs.de**

BEHR'S... *bringt die Praxis auf den Punkt.*

Wortauswahl

Der lebensmittelrechtliche Wortschatz ist bei großzügiger Auslegung nahezu unendlich. Alle Lebensmittel, Zutaten, Rohstoffe, Zusatzstoffe, viele lebensmitteltechnologische Verfahren, Futtermittel, Kontaminanten und Tierkrankheiten werden in lebensmittelrechtlichen Vorschriften aufgeführt und haben also einen Bezug zum Thema Lebensmittelrecht. Wie schon bei der Bearbeitung der ersten Auflage war also das Problem zu lösen, die Zahl der aufzunehmenden Begriffe zu optimieren: Gibt es doch in Deutschland etwa 300 Gesetze, Verordnungen, Leitsätze, Richtlinien und sonstige gesetzliche oder quasi-gesetzliche Vorschriften. Oft haben Fachwörter des allgemeinen Rechts in den Sprachen Deutsch und Englisch im Bezug auf das Lebensmittelrecht Bedeutungen, die vom allgemeinen Sprachgebrauch abweichen: So ist „Essen“ lebensmittelrechtlich nicht nur die Aufnahme von Speisen mit Löffel, Gabel, der Hand oder Essstäbchen, sondern ganz allgemein die Aufnahme in den Magen, also auch die Ernährung eines Kranken durch eine Nasensonde. Ein „Restaurant" ist Englisch keineswegs nur ein "restaurant" oder ein „inn“, sondern eine „catering facility“. Es gibt auch Fachbegriffe, deren Vorkommen in einem solchen Wörterbuch man vielleicht mit Verwunderung zu Kenntnis nimmt, wie „Scherzartikel“, „Schnupftabak“ oder „Kosmetika“; sie wurden aufgenommen, weil sie lebensmittelgesetzlich geregelt sind.

Es war auch manchmal nicht ganz einfach, die Unterschiede zwischen den deutschen, englischen und US-amerikanischen Rechtssystemen zu überbrücken. Manche Begriffe kann man nicht exakt übersetzen, sondern nur durch Erklärungen verständlich machen. Ein besonders krasses Beispiel dafür sind die „Bedarfsgegenstände“ im Sinne von § 2 (6) LFGB. Diese ganz unterschiedlich zu klassifizierenden Produkte werden im englischen Lebensmittelrecht anders geregelt als im deutschen und im US-amerikanischen Recht wieder anders. So kann es keine korrekten sprachlichen Äquivalente geben.

Vor diesem Hintergrund ist die Wortauswahl dieses Wörterbuches nicht frei von einer gewissen Willkür. Die Entscheidung, ein Fachwort aufzunehmen oder wegzulassen, musste in vielen Fällen eine Ermessenssache sein: Wörter des allgemeinen Sprachgebrauches, einzelne Lebensmittel, Zutaten, Rohstoffe, Zusatzstoffe und dergleichen wurden berücksichtigt, wenn sie einen besonderen lebensmittelrechtlichen Bezug haben. In solchen Fällen wurden grundsätzlich durch Indexzahlen die Fundstellen angegeben, in denen Definitionen und sonstige Erklärungen in nationalen Gesetzen bzw. Verordnungen oder Richtlinien der EU zu finden sind. Allgemeine juristische Begriffe wurden aufgenommen, wenn sie eine besondere Bedeutung für den Verkehr mit Lebensmitteln haben.

Dafür wurden 39 besonders bedeutsame Gesetzestexte der EU in den deutsch- und englischsprachigen Fassungen ausgewertet. Sie sind im Anhang im einzelnen aufgeführt. Diese Quellen sind auch deshalb von besonderem Wert, weil sie bei vielen Begriffen „offiziöse" Definitionen enthalten, sowohl in Englisch als auch in Deutsch.

Dieses Spezialwörterbuch will dem Lebensmittelfachmann eine Hilfe sein, lebensmittelrechtliche Begriffe richtig einzuschätzen. Dem spezialisierten Sprachmittler möge es helfen, im Einzelfall die exakten deutsch- und fremdsprachlichen Entsprechungen zu finden. Er findet dabei im Anhang wertvolle Hinweise auf weiterführende Literatur.

Englisch – Deutsch
English – German

A

A; A 1 siehe premium quality

abuse[1] Missbrauch

acceptable daily intake[2] siehe ADI

acceptable quality level[25] annehmbare Qualitätsgrenze

accessory[30] Hilfsstoff; Begleitstoff

accompanying documents[38] Begleitpapiere

according to law siehe legal

accredit akkreditieren

accreditation certificate Akkreditierungsurkunde

accrediting Akkreditierung

accuracy[16] Genauigkeit (Analyseverfahren)

acid siehe acidulant US

acid food US (Lebensmittel, das natürlicherweise einen pH-Wert unter 4,6 aufweist)

acidification[11] Säuerung (Wein)

acidified food US (Lebensmittel mit einem pH-Wert unter 4,6 u. einer Wasseraktivität über 0,85)

acidifier siehe acidulant

acidity regulator GB[2, 5]**; pH control agent US; pH modification agent US** Säureregulator

acidulant US[2, 5]**; acidifier; acid** Säuerungsmittel

act siehe law

active food contact materials[31] aktive Lebensmitelkontakt-Materialien

add zusetzen

additive siehe food additive

adequate labelling ausreichende Kenntlichmachung

ADI; acceptable daily intake duldbare tägliche Aufnahmemenge; DTA

adjunct Zuschlag; Zuschlagstoff (ohne eigene Funktion)

adjuvant Hilfsstoff

administrative offence Ordnungswidrigkeit

administrative provison[1] Verwaltungsvorschrift (allgemein)

adulterant Verfälschungsmittel; Streckmittel

adulterant verfälschend

adulterate verfälschen

adulterate panschen (Wein)

adulterately in verfälschender Weise; mit verfälschender Absicht

adulteration[1]**; falsification** Verfälschung

adulteration[2] Panschen (Wein)

advertisement[1] Werbung; Werbeanzeige

Advisory Committee on Food Beratender Lebensmittelausschuß (der EU)

aerated semi-sparkling wine[38] Perlwein mit zugesetzter Kohlensäure

aerated sparkling wine[38] Schaumwein mit zugesetzter Kohlensäure

aerating agent siehe leavening agent

aerating agent siehe raising agent

agreement on the application of sanitary an phytosanitary measures; SPS agreement Übereinkommen über die Anwendung gesundheitspolitischer und pflanzenschutzrechtlicher Maßnahmen

agricultural produce siehe agricultural product

agriculural product[32]**; agricultural produce** Agrarerzeugnis

aid[11] Beihilfe

air chilling[36] Luftkühlung

air space[35] Luftkammer (Ei)

air-spray chilling[36] Luft-Sprüh-Kühlung

alcohol[27]**; ethanol** Alkohol; Ethanol

alcoholfree siehe non-alcoholic

alcoholic strength, actual[11, 17, 38, 39] vorhandener Alkoholgehalt (Wein)

alcoholic strength, potential[11, 39] potenzieller Alkoholgehalt (Wein)

alcoholic strength, total[39] Gesamtalkoholgehalt (Wein)

alcohol tax US siehe duty on alcohol GB

alert notification Schnellwarnmeldung

alert notification sytem siehe rapid alert system

ALINORM (Norm des Codex Alimentarius)

allergen Allergen

allergenic allergisch

allergenic ingredient allergene Zutat

allergenic potential[23] allergenes Potenzial

allergen labelling Allergenkennzeichnung

allergen labelling Allergenkennzeichnung

ALOP siehe appropriate level of protection

amendment Ergänzung; Berichtigung (Gesetz)

amino acid Aminosäure

analog US siehe substitute

analogue siehe substitute

animal diseases law Tierseuchengesetz

animal feed siehe feed

animal health[16] Tiergesundheit

animal welfare [16] Tierschutz

animal welfare requirements[14] Tierschutz

ante-mortem inspection[15] Schlachttieruntersuchung

antiagglomerant siehe anticaking agent

antibaking agent US siehe anticaking agent

anticaking agent[2, 5]**; antibaking agent US; antiagglomerant; lubricant; free-flow agent; free-flowing agent; glidant; flow conditioner; flowing aid; flow aid** Antibackmittel; Antiklumpungsmittel; Trennmittel; Rieselhilfe (Mittel zur Erhaltung der Rieselfähigkeit)

anticrumbing agent siehe antidusting agent

antidusting agent; dust control agent; anticrumbing agent (Mittel zur Verhütung der Staubbildung)

antifoam US siehe antifoaming agent

antifoam agent US siehe antifoaming agent

antifoaming agent[2, 5]**; antifoam US; defoaming agent; antifoam agent US; defoamer; foam control agent; foam retarding agent** Entschäumer; Schaumverhüter; Schaumverhütungsmittel

antimicrobial agent siehe preservative

antimicrobial preservative siehe preservative

antioxidant[2, 5] Antioxidans; Antioxidationsmittel

antistick agent siehe release agent

application for authorisation[12] Beantragung der Zulassung

appropriate level of protection; ALOP angemessener Grad des Verbraucherschutzes

approval[15] Zulassung (Lebensmittelrecht)

approval number[14] Zulassungsnummer

approval procedure[12] Zulassungsverfahren

approve zulassen

aquaculture Aquakultur

aroma additive siehe flavour addition

aroma compound; flavour compound GB; flavor compound US Aromabestandteil

aroma extract Aromaextrakt

aroma substance siehe flavouring

aromatic Aromatisierungsmittel; Duftstoff

article in contact with food[1] Gegenstand, der mit Lebensmitteln in Berührung kommt (Bedarfsgegenstand)

artificial künstlich; nachgemacht

artificial colourant siehe artificial colour

artificial colour; artificial colouring; artificial colourant künstlicher Farbstoff

artificial colouring siehe artificial colour

artificial flavour; artificial flavouring substance; artificial flavouring agent künstlicher Aromastoff

artificial flavouring agent siehe artificial flavour

artificial flavouring substance siehe artificial flavour

artificial sweetener siehe intense sweetener

assessment Begutachtung

assessment of wholesomeness(23) Verträglichkeitsbewertung

assorted filled chocolate(9) Mischung von gefüllter Schokolade; Mischung gefüllter Pralinen

audit(16) Überprüfung

authentication Authentifizierung; Echtheitsbescheinigung

authenticity; genuineness Authentizität; Echtheit; Unverfälschtheit

authorisation siehe legal permission

authorisation(10)**; power** Ermächtigung (z.B. für eine Verordnung)

authorisation procedure(12) Zulassungsverfahren

authority(12) Behörde

available energy value siehe energy value

average consumer(20) Durchschnittsverbraucher

average value(27) durchschnittlicher Wert; durchschnittlicher Gehalt

average weight Durchschnittsgewicht

avian flu siehe avian influenza

avian influenza; avian flu Vogelgrippe; aviäre Influenza

B

B zweite Qualität; zweite Güteklasse

baby foods for infants and young children[24] Beikost für Säuglinge und Kleinkinder

bad practices[1] unzulässige Praktiken (bei der Herstellung und Verarbeitung von Lebensmitteln)

bakery additive; baking agent; baking additive; bread improver; baking improver Backmittel

baking additive siehe bakery additive

baking agent siehe bakery additive

baking good; baking ingredient Backzutat

baking improver siehe bakery additive

baking ingredient siehe baking good

ban siehe prohibition

ban on advertising[10] Werbeverbot

band[35] Banderole

bar code Strichcode; Balkencode; Barcode; EAN-Code

bar code scanner Strichcodelesegerät; Barcode-Scanner

barn[35] Bodenhaltung (Geflügel)

barn eggs[35] Eier aus Bodenhaltung

barrier to free movement[6] Handelshemmnis

...based table-top sweetener[3] Tafelsüße auf der Basis von...

basic foodstuff[4] Grundlebensmitel

basic material siehe raw material

batch[1, 2] Ansatz; Charge; Partie

batch identification Chargenidentifizierung

batch number; lot number Chargennummer; Lotnummer; Partienummer

batch traceability Chargenrückverfolgbarkeit

beer taxation Bierbesteuerung

best before; use before US mindestens haltbar bis...

best-before date siehe date of minimum durability

beverage tax Getränkesteuer

bill US Gesetzesvorlage

binder siehe thickening agent

binder Bindemittel (Tabletten)

binding agent siehe thickening agent

biologically grown siehe organically grown

bio seal Biosiegel

bleaching agent Bleichmittel

blended spread X%[7] Mischstreichfett X v.H.

bluefish[37] Fettfische

boiling fowl siehe cock hen

bond Zollverschluss

bonded unter Zollverschluss

bonded store; bond warehouse; bonded warehouse Zollager

bonded warehouse siehe bonded store

bond warehouse siehe bonded store

bottle abfüllen (auf Flaschen)

bottled at the winery; bottled by the producer; estate bottled Originalabfüllung; Erzeugerabfüllung; Kellerabzug (im Keller des Erzeugers abgefüllter Wein)

bottled by...[38] abgefüllt von...

bottled by the producer siehe bottled at the winery

bottled for...[38] abgefüllt für...

bottler[38] Abfüller (Wein)

bottling[38] Abfüllung (Wein)

bovine spongiform encephalopathy; mad cow disease, BSE spongiforme Rinder-Enzephalopathie; Rinderwahnsinn; BSE

box siehe packaging

brand Marke

brand Warenklasse; Warenqualität

brand signieren

branded food Markenprodukt

brand name; proprietary name Markenname

brandy[29] Weinbrand

bread improver siehe bakery additive

breast fillet with wishbone[36] Brustfilet mit Schlüsselbein (Geflügel)

British Standard siehe BS

broiler[36] Masthuhn

brucellosis[15] Brucellose

BS; British Standard Britische Norm

BSE siehe bovine spongiform encephalopathy

bulk; bulk goods lose Ware

bulk goods siehe bulk

bulking agent[2, 5]**; bulking aid; filling agent; filler** Füllstoff

bulking aid siehe bulking agent

bulk sweetener siehe nutritive sweetener

Bureau of Standards US siehe Office of Weights and Measures

by-products of wine-making[11] Nebenerzeugnisse der Weinbereitung

C

cage[35] Käfig (Geflügelhaltung)

calibrate; gauge eichen

calibration Eichung

calibration laboratory[16] Kalibrierlaboratorium

calorie-reduced siehe energy-reduced

calorie-reduced food; countline product brennwertvermindertes Lebensmittel

capacity marking Füllmengenangabe; Füllmengenbezeichnung

capon[36] Kapaun

carcase[14] Schlachtkörper

care agents[22] Pflegemittel

carrier Trägerstoff

carrier[2, 5]**; carrier substance** Trägerstoff

carrier solvent Trägerlösungsmittel

carrier substance siehe carrier

carry over (Übergang von einem Lebensmittel auf ein anderes im Wege der Verarbeitung)

carry through effect (Wirkung eines dem Rohstoff zugesetzten Wirkstoffes bis zum Endprodukt)

casserole siehe cock hen

category Kategorie (z.B. von Zusatzstoffen)

caterer Caterer (Lieferant für Speisen u. Getränke)

catering facility[10] Gaststätte

catering operation[1] Einrichtung zur Lebensmittelversorgung

caught[21] gefangen (Fische)

caught in freshwater[21] aus Binnenfischerei

cellophan film siehe cellulose film

cellulose film; cellophan film Zellglasfolie

cephalopods[37] Kopffüßler

certificate Bescheinigung

certification mark US siehe quality mark

CFR siehe Code of Federal Regulations

characteristic ingredient charakteristische Zutat

check[36] Stichprobe

check band[35] Kontrollbanderole

chelating agent siehe sequestrant

chew kauen

chewing[10] Kauen

chewing[22] Kauen

chewing gum[1] Kaugummi

chewing gum base[5, 17]**; gum base; masticatory substance** Kaubase zur Herstellung von Kaugummi; Kaumasse

chocolate[9] Schokolade

chocolate, assorted[9] Schokolademischung; Pralinenmischung

chocolate, drinking[9] Trinkschokolade

chocolate, familiy milk[9] Haushaltsmilchschokolade

chocolate in powder siehe chocolate, powdered

chocolate, powdered[9]**; chocolate in powder** Schokoladenpulver

chocolate, praline[9] Praline

chocolate, with ~centre siehe chocolate, with ~filling

chocolate, with ~filling[9]**; chocolate, with ~centre** mit Schokoladenfüllung

choice siehe premium quality

C.I. siehe Colour Index

claim[20] (Aussage über besondere Eigenschaften)

clarifier siehe clarifying agent

clarifying agent; clarifier; fining agent; precipitant; precipitating agent; flocculating agent; flocculant; flocculent US; clarifying aid; fining Klärmittel; Klärhilfsmittel; Schönungsmittel; Flockungsmittel; Fällungsmittel

clarifying aid siehe clarifying agent

clean labeling (Wunsch, keinen Zusatzstoff deklarieren zu müssen)

clean sea water[13] sauberes Meerwasser

clearly displayed[14] deutlich sichtbar

clouding agent Trubstabilisator; Trübungsmittel

coating[10] Überzug

coating material[31] Beschichtung

cock hen[36]**; casserole; boiling fowl** Suppenhuhn

cocoa[9]**; cocoa powder** Kakao; Kakaopulver

cocoa butter[9] Kakaobutter

cocoa butter equivalent[9] Kakaobutteräquivalent

cocoa powder siehe cocoa

cocoa solids ...% minimum[9] Kakao: ...% mindestens

cocoa, sweetened[9] gezuckerter Kakao

Code of Federal Regulations; CFR (Sammlung der US-amer. Bundesgesetze)

Code of Practice (Verfahrenshandbuch; Sammlung von Gesetzen, Verordnungen und Regeln)

coined trademark US siehe made-up name

cold chain[13] Kühlkette

collagen[14] Kollagen

collation pack siehe multipack

collector[34] Sammelstelle (Eier)

color additive US siehe colour

colorant US siehe colour

color control agent US siehe colour fixative

coloring agent US siehe colour

color retention agent US siehe colour fixative

color stabilizer US siehe colour fixative

colour[2]**; color additive US; food colour GB; colourant GB; colorant US; colouring agent GB; colouring matter GB; coloring agent US; food dye** Lebensmittelfarbstoff; Farbstoff; Farbstoffzusatz; Farbmittel; Färbemittel

colourant GB siehe colour

colour fixative; colour control agent US; colour stabilizer GB; color stabilizer US; color retention agent US Farbstabilisator

Colour Index; C.I. (von britischen und US-amerikanischen Handelsorganisationen herausgegebenes Nachschlagewerk für Farbstoffe mit Nummern und Detailinformationen für jeden Einzelfarbstoff)

colouring agent GB siehe colour

colour stabilizer GB siehe colour fixative

commercially[10] gewerbsmäßig

commercial practice Handelsbrauch

Committee on the Food Chain and Animal Health[1] Ständiger Ausschuss für die Lebensmittelkette und Tiergesundheit

common market of wine[11] gemeinsamer Weinmarkt

common organization of the market[11] Gemeinsame Marktorganisation

Community law Gemeinschaftsrecht (der EU)

community reference laboratory[16] Gemeinschaftsreferenzlaboratorium

Community secondary legislation sekundäres Gemeinschaftsrecht (der EU)

competent authority[16] zuständige Behörde

complaint Beanstandung

complexing agent siehe sequestrant

compositional standard Norm für die Zusammensetzung (eines Lebensmittels)

compound foodstuff[4, 5] zusammengesetztes Lebensmittel

compound ingredient zusammengesetzte Zutat

compulsory particulars[11, 38] obligatorische Angaben

conditioning[14] Hälterung

confiscation[10] Einziehung

conformity Übereinstimmung; Konformität (mit einer Probe)

connective tissue Bindegewebe

consignment[1] Sendung; Partie

consolidation Zusammenfassung (mehrerer Einzelverordnungen)

consume verzehren

consumer[1] Verbraucher

consumer expectations siehe expectations of consumer

consumer fraud Verbraucherbetrug; Betrug am Verbraucher

consumer group Verbrauchergruppe

consumerism Verbraucherschutzbewegung; Konsumerismus (überkritische Verbrauchereinstellung)

consumer pack; consumer package; prepacked good Fertigpackung

consumer package siehe consumer pack

consumer protection[20] Verbraucherschutz

consumer sales siehe marketing

consuming period Aufbrauchfrist

consumption[10, 22] Verzehren; Verzehr

contact material (Material im Kontakt mit Lebensmitteln)

container Behälter; Behältnis

contains...[20] enthält...

contaminant[1]; **incidental additive US; unintentional food additive US** Kontaminante

contamination Kontamination; Verunreinigung

content Inhalt

content Gehalt

contingency plan[16] Notfallplan

contract bottling[38] Lohabfüllung

contravention Zuwiderhandlung; Übertretung (einer Vorschrift)

control body[16] Kontrollstelle

control laboratory Prüflaboratorium

control plan[16] Kontrollplan

control sample[12]; **counter sample** Gegenprobe

conventional counterpart[12] entsprechendes herkömmliches Erzeugnis

cooking salt; table salt Kochsalz

cosmetics[1] Kosmetikum; kosmetisches Mittel

council directive siehe directive

council regulation siehe regulation

counter sample siehe control samples

countline product siehe calorie-reduced food

country of origin Herkunftsland; Ursprungsland

couverture chocolate[9] Schokoladenkuvertüre

cracked eggs siehe eggs, cracked

criminal offence[10] Straftat

crisis management[16] Krisenmanagement

criterion Kriterium; Kennzeichnungsmerkmal

critical control points (HACCP principles)[13] kritische Kontrollpunkte (HACCP-Grundsätze)

crop protecting agent siehe plant protectant

crustaceans[37] Krebstiere

cultivated[21] gezüchtet (Fische)

cultures of microorganisms; starter cultures Mikroorganismenkulturen

customs duty system[11] Zolltarifregelung

cutting plant[14] Zerlegungsbetrieb (Schlachtkörper)

D

dairy imitate Milchimitat; Milchersatzprodukt

dairy legislation Milchgesetzgebung

dairy products[14] Milcherzeugnisse

dairy spread ...X %[7] Milchstreichfett ...X v.H.

DAL siehe defect action level

dangerous siehe injurious to health

date coding; dating; date marking; date stamping Datumskennzeichnung; Datumskodierung

date-elapsed food (Lebensmittel mit abgelaufenem Mindesthaltbarkeitsdatum)

date marking siehe date coding

date of expiry siehe expiration date

date of laying[35] Legedatum (Eier)

date of manufacture; manufacturing date; date of production Herstelldatum; Herstellungsdatum; Fabrikationsdatum

date of minimum durability[2, 17]**; best-before date** Mindesthaltbarkeitsdatum

date of packaging Abpackdatum

date of production siehe date of manufacture

date stamping siehe date coding

dating siehe date coding

deacidification[11] Entsäuerung (Wein)

decaffeinated entkoffeiniert

decay Verderb

deceive täuschen

deception[10] Täuschung

deceptive täuschend

declaration Deklaration; Kennzeichnung

declaration liability Kennzeichnungspflicht

declaration of origin Herkunftsbezeichnung

declare deklarieren; kennzeichnen

decontamination Dekontamination; Entseuchung

defect action level; DAL (von der FDA festgelegter Höchstgehalt an Kontaminanten für Importprodukte, z.B. Gewürze)

definition[9, 10, 39] Begriffsbestimmung

defoamer siehe antifoaming agent

defoaming agent siehe antifoaming agent

defrostet aufgetaut

defrosting Auftauen

deliberate release[12] absichtliche Freisetzung

delivery siehe handing over

delivery to the final consumer[1] Weitergabe an den Endverbraucher

denaturation Vergällung; Denaturierung

denature vergällen; denaturieren; ungenießbar machen

depanning agent siehe release agent

deposit Pfand (Flaschen usw.)

descending order[2] absteigende Reihenfolge (Zutatenliste)

designation[38] Aufmachung

designation origin[32] Ursprungsbezeichnung

designer food siehe functional food

destined for... bestimmt für...

detergents Detergentien; Reinigungsmittel

deteriorated wertgemindert

deterioration[1] Wertminderung; Verderb

dextrose[6] Dextrose; Traubenzucker

dextrose, anhydrous[6] kristallwasserfreier Traubenzucker

dextrose monohydrate[6] kristallwasserhaltiger Traubenzucker

diabetic food Diabetikerlebensmittel

dietary siehe dietetic

dietary fiber US siehe dietary fibre GB

dietary fibre GB; dietary fiber US Ballaststoff

dietary foods for special medical purposes[26] Lebensmittel für besondere medizinische Zwecke; bilanzierte Diäten

dietary law Speisegesetz

dietary salt[26] Diätsalz

dietetic[26]**; dietary** diätetisch

dietetic food GB; dietary food US; food for special dietary use US diätetisches Lebensmittel; Diätlebensmittel

dietetic food regulation Diät-Verordnung

directive; council directive Richtlinie (der Europäischen Union, die von den Mitgliedstaaten in nationales Lebensmittelrecht umzusetzen ist)

directive, horizontal horizontale Richtlinie

directive, vertical vertikale Richtlinie

disease related advertising krankheitsbezogene Werbung

disinfectant; sanitizer US; sanitizing agent US Desinfektionsmittel

disinfection; sanitizing US Desinfektion

disinfestation Entwesung

dispatch centre[14] Versandzentrum (von lebenden Muscheln)

display auslegen, zur Schau stellen

display Auslage

distillation, compulsory[11] obligatorische Destillation (Wein)

distillation system[11] Destillationsregelung (Wein)

distribution[1] Vertrieb

distribution terminal[1] Verladestelle

documentary check[16] Dokumentenprüfung

domestic ungulates[14] Huftiere

door-by-door selling[34] Verkauf an der Tür

drained weight Abtropfgewicht

dressing[14] Zurichten (Schlachtfleisch)

dried glucose syrup[6] getrockneter Glucosesirup

drink trinken

drink[1] Getränk

drinking[10, 11, 22] Trinken

drinking water, substances for treatment of[5] Stoffe zur Behandlung von Trinkwasser

drip test[36] Drip-Verfahren (Auftauen)

drug siehe medical product

drumstick[36] Unterschenkel (Geflügel)

dry[38] trocken (Wein)

dry cocoa solids[9] Gesamtkakaotrockenmasse

dry milk solids[9] Milchtrockenmasse

dry non-fat cocoa solids[9] entölte Kakaotrockenmasse

duck, young[36] Frühmastente

dust control agent siehe antidusting agent

duty GB; tax Steuer; Abgabe

duty of care Sorgfaltspflicht

duty on alcohol GB; alcohol tax US; liquor tax US; excise Alkoholsteuer

duty to tolerate; obligation to tolerate Duldungspflicht

E

e; e mark (Vermerk auf Etiketten, wenn bei der Abfüllung bestimmte eichrechtliche Anforderungen erfüllt sind)

easily decipherable[14] leicht entzifferbar

eating[10, 11, 22] Essen (Tätigkeit)

echinoderm[14] Stachelhäuter

ecological ökologisch

ecologically grown food Lebensmittel aus ökologischem Anbau

EFSA siehe European Food Safety Authority

egg liquer[29] Eierlikör

egg products[14] Eiprodukte

eggs[14] Eier

eggs, broken[34] angeschlagene Eier

eggs, cracked[14, 34] Knickeier

eggs for hatching[34] Bruteier

eggs, free range[35] Eier aus Freilandhaltung

eggs from caged hens[35] Eier aus Käfighaltung

eggs, grades of[35] Eierklassen

eggs, incubated[34] bebrütete Eier

eggs, industrial[34] Industrieeier

eggs in shell[14] Farmgeflügeleier in der Schale

eggs intended exclusively for processing[35] Eier ausschließlich bestimmt zur Verarbeitung

e mark siehe e

emergency Dringlichkeitsfall

emergency control order GB; emergency prohibition notice GB (Eilverordnung bei Vorliegen besonderer gesundheitlicher Risiken)

emergency prohibition notice GB siehe emergency control order GB

emphasis siehe special emphasis

emphasizing of ingredients Hervorhebung von Zutaten

empower ermächtigen

emulsifier[2, 5]**; emulsifying agent** Emulgator (Stoff)

emulsifying agent siehe emulsifier

emulsifying salt[2,5] Schmelzsalz (Schmelzkäse)

energy-free[20] energiefrei

energy-reduced[3, 20]**; calorie-reduced** brennwertvermindert; kalorienvermindert; energiereduziert

energy statement Brennwertangabe

energy value[27]**; available energy value** Brennwert; Energiewert

enforcement Inkraftsetzung (gesetzliche Bestimmung)

enforcement measures[16] Durchsetzungsmaßnahmen (bei amtlichen Verordnungen)

enjoyment value[10] Genusswert

enriched in... angereichert mit...

enriched in minerals; fortified in minerals mineralstoffangereichert

enriched in vitamins[20]**; fortified in vitamins** vitaminangereichert

enrichment[11] Anreicherung

enrichment limit[11] Anreicherungsgrenze (Traubenmost)

entry into force[12, 15] Inkrafttreten

E number E-Nummer

envelopes[10] Umschließungen

environmental contaminants Umweltkontaminanten

environmental risk assessment siehe evaluation of the environmental risk

enzyme[2] Enzym

enzyme preparation; industrial enzyme Enzympräparat; Enzymzubereitung

equivalence[16] Gleichwertigkeit (von Analysenverfahren)

estate bottled siehe bottled at the winery

ethanol siehe alcohol

European Food Safety Authority[1]**; EFSA** Europäische Behörde für Lebensmittelsicherheit

evaluation of the environmental risk[12]**; environmental risk assessment** Umweltverträglichkeitsprüfung

eviscerated, partly[36] teilweise ausgenommen (Geflügel)

exceptional provision; exemption permit; exemption provision; statutory exemption Ausnahmegenehmigung

excessive consumption may induce laxative effects[3] kann bei übermäßigem Verzehr abführend wirken (Polyole)

excise laws US siehe licensing laws

exemption Ausnahmeregelung

exemption permit siehe exceptional provision

exemption provision siehe exceptional provision

expectations of consumers[7]**; consumer expectations** Verbrauchererwartungen

expedition liqueur[11] Versanddosage

expert Sachkenner; Sachverständiger

expertise siehe safety knowledge

expiration date; date of expiry; expiry date; sell-by date Verfallsdatum

explanatory notes erläuternde Angaben (auf dem Zutatenverzeichnis)

export Export; Ausfuhr

exporter Exporteur

expression of novel genetic material[23] Expression neuartigen genetischen Materials

extensive indoor[36] extensive Bodenhaltung (Geflügel)

extra extra

extractant siehe extraction solvent

extracting solvent siehe extraction solvent

extraction solvent directive Extraktionslösungsmittel-Richtlinie

extraction solvent[25]**; extracting solvent; extractant** Extraktionslösemittel Extraktionslösungsmittel

extra-dry[39] extra trocken

F

factory check; factory monitoring Betriebskontrolle

factory control siehe production control

factory monitoring siehe factory check

factory vessel[14] Fabrikschiff (Fischerei)

false falsch; unecht; unwahr; unrichtig

false describing falsche Bezeichnung (Tätigkeit)

false describing falsche Bezeichnung

false trade description falsche Bezeichnung (Angabe auf Etiketten usw.)

falsification siehe adulteration

fancy name[17] Phantasienamen

FAO; Food and Agriculture Organization of the United Nations (Lebensmittel- und Landwirtschafts-Organisation der Vereinten Nationen)

farmed[21] aus Aquakultur (Fischerei)

farmed game[14] Farmwild

fat-free[20] fettfrei; ohne Fett

fats[7] Streichfette

fats, refined[17] raffinierte Fette

fats, rendered animal[14] ausgelassene tierische Fette

fat spread ...X %[7] Streichfett ...X v.H.

FCC siehe Food Chemicals Codex

FDA siehe Food and Drug Administration

fed with ... % of ...[36] gefüttert mit ... % ... (Geflügel)

feed[1]**; feedstuff; feedingstuff** Futtermittel

feed business[1] Futtermittelunternehmen

feed business operator[1] Futtermittelunternehmer

feedingstuff siehe feedstuff

feed law[16] Futtermittelrecht

feed safety[1] Futtermittelsicherheit

feed safety requirements [1] Anforderungen an die Futtermittelsicherheit

feedstuff siehe feed

feed supply chain[1] Futtermittelkette

fertilizer residues Düngemittelrückstände

fibre[27] Ballaststoff

field of vision Sichtfeld; Blickfeld (Lebensmitteletikett)

fill abfüllen

filler siehe bulking agent

filling[10]**; fill** Abfüllen

filling agent siehe bulking agent

filling quantity Füllmenge

final consumer siehe ultimate consumer

final product Enderzeugnis

fine Bußgeld

fine fein; von besonderer Qualität

fining siehe clarifying agent

fining agent siehe clarifying agent

firming agent [2, 5] Festigungsmittel

firming agents Festigungsmittel

first stage of the placing on the market[18] erste Phase des Inverkehrbringens (genetisch veränderte Produkte)

fishery product[14] Fischerierzeugnis

fishing ground[37] Fangplatz

fit for human consumption genusstauglich

flavor enhancer US siehe flavour enhancer

flavor modifier US siehe flavour enhancer

flavor potentiator US siehe flavour enhancer

flavour addition; aroma additive Aromazusatz

flavour compound GB siehe aroma compound

flavour enhancer[1, 5]**; flavour potentiator GB; flavor enhancer US; flavor potentiator US; flavor modifier US** Aromaverstärker; Geschmacksverstärker

flavouring[39] Aromatisierung (Wein)

flavouring[2]**; flavouring agent; flavouring substance; aroma substance; flavouring ingredient** Aroma; Aromastoff; Aromatisierungsmittel

flavouring ingredient siehe flavouring

flavouring preparations, natural[39] natürliche Aromaextrakte

flavouring substance siehe flavouring agent

flavouring substances, natural[39] natürliche Aromastoffe

flavour potentiator GB siehe flavour enhancer

flocculating agent siehe clarifying agent

flocculent US siehe clarifying agent

flour additive siehe flour treatment agent

flour improver siehe flour treatment agent

flour treating agent siehe flour treatment agent

flour treatment agent[2, 5]**; flour treating agent; flour improver; flour additive** Mehlbehandlungsmittel; Mehlverbesserungsmittel

flow aid siehe anticaking agent

flow conditioner siehe anticaking agent

flowing aid siehe anticaking agent

foam control agent siehe antifoaming agent

foam improver siehe foam stabilizer

foaming agent[2, 5]**; aerating agent; whipping agent** Verschäumungsmittel; Aufschlagmittel; Schaummittel

foam retarding agent siehe antifoaming agent

foam stabilizer[2]**; foam improver; foam strengthening agent; heading compound; heading liquid** Schaumstabilisator; Schaumstabilisierungsmittel; Schaumverbesserungsmittel (bes. für Bier)

foam strengthening agent siehe foam stabilizer

follow-on formulae[24, 28] Folgenahrung

food[1]**; foodstuff** Lebensmittel; Nahrungsmittel

food additive; intentional food additive US; additive Lebensmittelzusatzstoff; Lebensmittelzusatz; Zusatzstoff

food adulteration Lebensmittelverfälschung

Food and Agriculture Organization of the United Nations siehe FAO

Food and Drug Administration; FDA (oberste Lebensmittelbehörde der USA)

Food and Environment Protection Act (Gesetz über den Schutz des Verbrauchers vor Umweltgefahren in Lebensmittelen im UK)

Food and Veterinary office; FVO Lebensmittel- und Veterinäramt (der EU)

food authenticity Lebensmittelechtheit

food business[1] Lebensmittelgewerbe (im weitesten Sinne)

food business[1,12] Lebensmittelunternehmen

food business operator[1] Lebensmittelunternehmer

food chain[14] Lebensmittelkette

Food Chemicals Codex; FCC (arzneibuchähnliches US-amerikanisches Nachschlagewerk über Lebensmittelzusatzstoffe)

food colour GB siehe colour

food component siehe food ingredient

food contaminant Lebensmittelkontaminante

food dye siehe colour

food flavouring (einem Lebensmittel zugesetzter Aromastoff)

food for infants[4] Säuglingsnahrung

food for special dietary use US siehe dietetic food GB

food for special medical purposes siehe foodstuffs for particular nutritional uses

food for specified health use siehe functional food

food for young children[4] Kleinkindernahrung

food grade für Lebensmittel geeignet; lebensmittelgeeignet

food hazards[13] Gesundheitsgefahren (durch Lebensmittel)

food ingredient; food component; food constituent; ingredient; component; constituent Lebensmittelbestandteil; Lebensmittelinhaltsstoff; Nahrungsmittelbestandteil; Zutat

food inspection; food surveillance; food supervision; food monitoring Lebensmittelüberwachung

food inspector Lebensmittelkontrolleur

food intended to meet the expanditure of intense muscular effort[26] Lebensmittel für intensive Muskelanstrengungen (Sportlernahrung)

food irradiation; irradiation Lebensmittelbestrahlung

food label[20] Lebensmitteletikett

food labelling Lebensmittelkennzeichnung

food law[1] Lebensmittelgesetz

food law; food legislation; food regulations Lebensmittelgesetzgebung; Lebensmittelrecht (allgemein)

food monitoring siehe food inspection

food monitoring Lebensmittel-Monitoring

food of animal origin[14] Lebensmittel tierischen Ursprungs

food premises Lebensmittelanlage (innerhalb einer anderen Fabrik)

food preservative siehe preservative

food processing aid siehe processing aid

food product Lebensmittelprodukt

food production chain[1] Lebensmittelherstellungskette

food regulations siehe food legislation

food safety[1, 13]**; food security** Lebensmittelsicherheit

Food Safety Act (Lebensmittelhygiene-Verordnung im UK)

food safety objective; FSO Zielwert der Lebensmittelsicherheit

food safety requirements[1] Anforderungen an die Lebensmittelsicherheit

food security siehe food safety

food source Lebensmittelrohstoff

food standard US Lebensmittelnorm; Norm für Lebensmittel

foodstuff siehe food

foodstuff Rohstoff zur Lebensmittelherstellung

foodstuffs for particular nutritional uses[26]**; food for special medical purposes** Lebensmittel, die für eine besondere Ernährung bestimmt sind; bilanzierte Diäten

food supervision siehe food inspection

food supplement Nahrungsergänzungsmittel

food surveillance siehe food inspection

food trade[1] Lebensmittelhandel

food waste[13] Lebensmittelabfälle

foreign fat siehe non-cacao vegetable fat

foreseeable vorhersehbar

formula US siehe formulation

formulation; formula US; recipe GB Herstellungsvorschrift; Rezept; Rezeptur; Herstellungsrezept

fortified in minerals siehe enriched in minerals

fortified in vitamins siehe enriched in vitamins

framework directive Rahmenrichtlinie (für Zusatzstoffe in der EU)

F/range siehe free range

fraud Betrug

fraudulent practices[1] betrügerische Praktiken

free-flow agent siehe anticaking agent

free-flowing agent siehe anticaking agent

free from ...; without ... frei von ...; ohne ...

free movement of goods[1, 20, 33]**; free trade** freier Warenverkehr

free range[36]**; F/range** Auslaufhaltung (Geflügel)

free range total freedom[36] bäuerliche Freilandhaltung (Geflügel)

free trade siehe free movement of goods

free trade siehe free movement of goods

freezer vessel[14] Gefrierschiff (Fischerei)

fresh fishery product[14] frisches Fischereierzeugnis

fresh meat[15] Frischfleisch

freshness categories[37]**; freshness ratings** Frischeklassen (Fische)

freshness ratings siehe freshness categories

freshwater animals[14] Süßwassertiere

frog legs[14] Froschschenkel

from farm-to-fork concept (gesetzliche Maßnahmen für den Lebensmittelverkehr von der landwirtschaftlichen Produktion bis zum Verbraucher)

fructose[6] Fruktose

fruit spirit[29] Obstbrand

fruit spirit drink[29] Obstspirituose

FSO siehe food safety objective

fully licenced (mit voller Alkohollizenz)

functional food; designer food; food for specified health use; nutraceutical; pharmafood funktionelles Lebensmittel; (Lebensmittel, denen man zusätzlich zu ihrer ernährungsphysiologischen Bedeutung gesundheitsfördernde Funktionen zuschreibt)

functional food additive (Zusatzstoff mit gesundheitsfördernden Eigenschaften)

functional ingredient (Lebensmittelzutat mit gesundheitsfördernden Eigenschaften)

fun item(10) Scherzartikel

FVO siehe Food and Veterinary Office

G

game-handling establishment[14] Wildbearbeitungsbetrieb

gatherer[14] Erzeuger (von lebenden Muscheln)

gauge siehe calibrate

gelant siehe gelling agent

gelatine[14] Gelatine

gellant siehe gelling agent

gelling agent[2, 5]**; jellifying agent US; jelling agent US; setting agent; gellant; gelant** Geliermittel; Gelierhilfsmittel

general food law Basis-Verordnung für Lebensmittel (der EU)

generally recognized as safe siehe GRAS

general principle[1] allgemeiner Grundssatz (Lebensmittelverordnung)

generic name Freiname; generische Bezeichnung

generic name Verkehrsbezeichnung

generic name[32] Gattungsbezeichnung

gene technology; genetic engineering Gentechnik

genetically modified; GM genetisch verändert

genetically modified food[12]**; GM food** verändertes Lebensmittel

genetically modified organisms[1, 12, 18, 23]**; GMOs** genetisch veränderte Mikroorganismen; GVO

genetically modified, produced from~ aus genetisch veränderten ... hergestellt

genetically modified feed[12] genetisch veränderte Futtermittel

genetic engineering siehe gene technology

gentian spirit[29] Enzian (Spirituose)

genuineness siehe authenticity

geographical indication[11, 32, 38] geographische Bezeichnung; geographische Angabe

germicide Entkeimungsmittel

glacing agent siehe glazing agent

glanders[15] Rotz (Tierkrankheit)

glazing agent[2, 5]**; glacing agent** Glasiermittel; Überzugsmittel

glidant siehe anticaking agent

GLP siehe good laboratory practice

glucose syrup[6] Glucosesirup

gluten-free[26] glutenfrei

GM siehe genetically modified

GM food siehe genetically modified food

GMO siehe genetically modified organisms

GMOs siehe genetically modified organisms

GMP siehe good manufacturing practice

good laboratory practice; GLP gute Laborpraxis

good manufacturing practice; GMP gute Herstellungspraxis; einwandfreie Fabrikationsweise

good practice[13] gute Verfahrenspraxis

goose, oats feed[36] Hafermastgans

gosling[36] Jungmastgans

grade Klasse; Stufe (Güte, Qualität, Größe, Gewicht u.a.)

grade Handelsklasse

grading by quality[34] Güteklasse

grading by weight[34] Gewichtsklasse

grafting-on[11]**; surgreffage** Umveredlung (Reben)

grain spirit[29] Getreidespirituose

grandfather clause US (Ausnahme von einer lebensmittelrechtlichen Regelung aufgrund einer früheren Verordnung)

grape juice[11] Traubensaft

grape marc siehe grape marc spirit

grape marc spirit[11, 29]**; grape marc; wine marc** Tresterbrand; Trester; Traubentrester

grape must in fermentation[11, 38] teilweise gegorener Traubenmost

grape must with fermentation arrested by the addition of alcohol[11] mit Alkohol stummgemachter Traubenmost

grapes not classified solely as wine-grapes[11] nicht ausschließlich als Keltertrauben eingestufte Trauben

GRAS; generally recognized as safe (als unschädlich anerkannt)

greaves[14] Grieben

grubbing-up[11] Roden (Weinreben)

guideline; guideline principle Leitsatz

guideline principle siehe guideline

guides[13] Leitlinien

guinea fowl[36] Perlhuhn

gum base siehe chewing gum base

GVO siehe genetically modified organismus

H

HACCP; hazard analysis and critical control points produkt- und prozess- spezifische Risikoanalyse (gezielte Qualitätskontrolle von Lebensmitteln)

halal halal (rein im Sinne der muslimischen Speisegesetze)

half-fat[7] halbfett

handing over; delivery Abgabe (an den Verbraucher)

haram haram (unrein im Sinne der muslimischen Speisegesetze)

harmful siehe injurious to health

harmlessness siehe safeness

harmonised labelling requirements[12] harmonisierte Kennzeichnungsvorschriften

having regard to ... gestützt auf...; auf Grund von... (Bezeichnung in Richtlinien der EU im Sinne von gesetzlichen Grundlagen)

hazard[1] Gefahr

hazard analysis and critical control points siehe HACCP

health certificate[15, 22] Gesundheitsbescheinigung

health claim[20] Hinweis auf Gesundheitsförderung

health claim[20]**; health message** gesundheitsbezogene Angabe

health claims, implied[20] implizierte gesundheitsbezogene Angaben

health food Reformkost; Gesundheitskost; gesundes Lebensmittel; (Lebensmittel mit gesundheitsfördernder Wirkung)

health mark siehe health marking

health marking[14, 15]**; health mark** Genusstauglichkeitskennzeichnung

health message siehe health claim

health protection[1, 20]**; protection of health** Schutz der Gesundheit; Gesundheitsschutz

health-related advertising[10] gesundheitsbezogene Werbung

health risk Gesundheitsrisiko

health status[14] Gesundheitszustand (Schlachttiere)

hearing[10] Anhörung

hechsher; kosher certificate Koscherzertifikat; Koscherzeugnis (rabbinisches Gütesiegel für koschere Produkte)

herbs, mixed[17] Kräutermischung

hermetically sealed container[13] luftdicht verschlossener Behälter

high fibre[20] hoher Ballaststoffgehalt

high intensity sweetener siehe intense sweetener

high minerals[20] hoher Mineralstoffgehalt

high potency sweetener siehe intense sweetener

high protein[20] hoher Proteingehalt

high vitamins[20] hoher Vitamingehalt

home slaughter Hausschlachtung

horizontal legislation[1] horizontale Rechtsvorschriften

humectant[2, 5] Feuchthaltemittel

hunted wild game[14] Wildpret

hygiene Hygiene

hygiene of foodstuffs[13] Lebensmittelhygiene

hygiene regulations[8, 10, 13]; **hygiene rules** Hygienevorschriften

hygiene rules siehe hygiene regulations

hygiene standard siehe sanitary standard

I

identification[10] Kenntlichmachung

identification mark siehe identification marking

identification marking[14]; **identification mark** Identitätskennzeichnung

identity check[16] Nämlichkeitskontrolle

illegal gesetzeswidrig; illegal; rechtswidrig

imitate[10] nachmachen

imitate siehe substitute

imitation food[10] Imitat; nachgemachtes Lebensmittel

immediate consumption unmittelbarer Verzehr; sofortiger Verzehr; Verzehr an Ort und Stelle

immersion chilling[36] Tauchkühlung

implement Gebrauchsgerät; Werkzeug; Gerät

implementation Umsetzung (einer Richtlinie in nationales Recht)

implementation power[6] Durchführungsbefugnis (Richtlinien der EU)

implementing measure[12, 15, 16]; **implementing regulation** Durchführungsbestimmung; Durchführungsvorschift; Durchführungsmaßname

implied claim US (stillschweigend mit einbegriffener Teil einer Werbeaussage)

implimenting regulation siehe implementing measure

import Import; Einfuhr

importer Importeur

impregnating agent[22] Imprägniermittel

improperly labelled falsch bezeichnet

improvement notice GB (Empfehlung eines Lebensmittelkontrolleurs, bestimmte Fehler zu beheben)

inceased....[20] ehöhter Anteil an...

incidental additive US siehe contaminant

indelible[14, 27] unverwischbar (Etikettenangabe)

indirect food additive US (aus Verpackungsmitteln auf Lebensmitttel übergehender Stoff)

industrial enzyme siehe enzyme preparation

inertness[19] Inertheit (Verpackungsmaterial)

infant formulae[24, 28] Säuglingsanfangsnahrung

infants[28] Säuglinge (Kinder unter 12 Monate alt)

information label Informationsetikett

information of the public[22] Information der Öffentlichkeit

ingredient siehe food ingredient

ingredient list siehe list of ingredients

ingredient listing Zutatenkennzeichnung

ingredients, category of[17] Klasse der Zutaten

ingredients statement US siehe list of ingredients

initial assessment[23] Erstprüfung (Zulassungsantrag)

injurious to health[1]**; dangerous; harmful** gesundheitsschädlich

inspect inspizieren; kontrollieren

inspection[16] Inspektion

institutional caterer[10] Einrichtung zur Gemeinschaftsverpflegung

instructions for use Gebrauchsanweisung

intelligent food contact articles[31] intelligente Lebensmittelkontakt-Gegenstände

intelligent food contact materials[31] intelligente Lebensmittelkontakt-Materialien

intelligibility Verständlichkeit (Packungsaufschrift)

intelligible verständlich (Packungsaufschrift)

intended[19] dazu bestimmt

intended for human consumption zum Verzehr bestimmt

intense sweetener[2]**; high intensity sweetener; artificial sweetener; high potency sweetener** Süßstoff; Intensivsüßstoff

intentional food additive US siehe food additive

internal market[1] Binnenmarkt

introducing substances into the stomach[10] Zufuhr von Stoffen in den Magen

introduction[16] Verbringen (Einfuhr einer Ware in ein Lager)

invented name siehe made-up name

invert sugar solution[6] Invertflüssigzucker

invert sugar syrup[6] Invertzuckersirup

ion-exchanger[10] Ionenaustauscher

ionising irradiation[10] ionisierende Bestrahlung

ionising radiation, treated with siehe irradiated

irradiated[17]**; treated with ionising radiation** bestrahlt; mit ionisierenden Strahlen behandelt

irradiation siehe food irradiation

irradiation prohibition[22]**; prohibition of irradiation** Bestrahlungsverbot

J

jellifying agent US siehe gelling agent

jelling agent US siehe gelling agent

jelly bean rule US (Verbot von gesundheitsbezogenen Werbeaussagen bei Lebensmitteln ohne wesentlichen Nährwert)

K

kasher siehe kosher

kashrus (Status einer Speise im Sinne der jüdischen Speisegesetze)

kashrut GB; kashruth US jüdische Speisegesetze; mosaische Speisegesetze

kashruth US siehe kashrut GB

keeping in stock(10) Vorrätighalten

keep in stock(10) vorrätig halten

keep ready Bereithalten (zum Verkauf)

kosher; kasher koscher

kosher certificate siehe hechsher

L

L siehe large

label deklarieren

label[8]**; labelling** Etikett; Packungsaufschrift

label declaration Packungsdeklaration

labeling US siehe labelling

labeling act US Kennzeichnungsvorschrift

labelling siehe label

labelling[10]**; labeling US** Etikettierung; Kennzeichnung

labelling requirements siehe labelling rules

labelling rules[6]**; labelling requrements** Etikettierungsbestimmungen; Kennzeichnungsvorschriften

lagomorphs[14] Hasentiere

laid...[35] gelegt am... (Eier)

large[35]**; L** L; groß (Gewichtsklasse von Eiern)

large packs[34] Großpackungen

large wild game[14] Großwild

law GB; act US Gesetzesvorschrift; Gesetz

lay down definition[8] Begriffsbestimmung

leavener siehe raising agent

leavening agent siehe raising agent

legal; according to law legal

legal authorisation siehe legal permission

legally prescribed gesetzlich vorgeschrieben

legal permission; permission; authorisation; legal authorisation lebensmittelrechtliche Zulassung; Zulassung

legal status Rechtsposition; Rechtsstellung (Zusatzstoff)

legible[14] gut lesbar

legislation Gesetzgebung

liability[1] Haftung (im gesetzlichen Sinne)

liable haftbar; verantwortlich

licence GB; license US Konzession; Erlaubnis; behördliche Genehmigung (zum Alkoholausschank)

license konzessionieren

licensed restaurant (Restaurant mit Konzession zum Ausschank alkoholischer Getränke)

licenser; licensor Konzessionsgeber

license US siehe licence GB

licensing laws GB; excise laws US Schankgesetze; Alkoholgesetze

licensor siehe licenser

light[7, 20]**; lite US** leicht

limit of detection[16] Nachweisgrenze

linearity[16] Linearität (Analysenverfahren)

liqueur[29] Likör

liqueur[11, 38] Likörwein

liquid egg[14] Flüssigei

list of ingredients[17]**; ingredient list; ingredients statement US** Zutatenliste; Zutatenverzeichnis; Verzeichnis der Zutaten

lite siehe light

live bivalve molluscs[14] lebende Muscheln

loose sales[34] loser Verkauf

lot[1, 2]**; parcel** Posten; Los; Charge; Partie

lot number siehe batch number

lot labelling Los-Kennzeichnung

lot size Losumfang

low calorie brennwertarm; kalorienarm

low cholesterol cholesterinarm

low energy[20] energiearm

low fat[7, 20] fettarm

low salt[20] kochsalzarm; salzarm

low saturated fat[20] arm an gesättigten Fettsäuren

low sodium[20, 26] natriumarm

low sugar[20] zuckerarm

lubricant Schmierstoff

lubricant siehe release agent

M

M siehe medium

mad cow disease siehe bovine spongiform encephalopathy

made-up name; invented name; coined trademark US Phantasiebezeichnung

make provision Vorsorge treffen (dass eine Bestimmung eingehalten wird)

maker siehe producer

manufacture(2) Herstellung

manufacture siehe produce

manufacturer siehe producer

manufacturer's liability Produzentenhaftung

manufacturing auxiliary GB siehe processing aid

manufacturing date siehe date of manufacture

marc wine(11)**; pomace wine** Tresterwein; Haustrunk; Nachwein

marine biotoxins(14) marine Biotoxine

mark Bezeichnung; Markierung

mark Marke; Schutzmarke

marker gens(23) Markierungsgene

market(10) vermarkten; in Verkehr bringen

market Markt

marketing(33)**; consumer sales** Abgabe an den Verbraucher; Vermarktung

marketing regulation Vermarktungsnorm

marketing standard(7, 34) Vermarktungsnorm

market regulation Marktordnung

marking; coding Markierung

mass caterer(12) Anbieter von Gemeinschaftsverpflegung

masticatory substance siehe chewing gum base

material in contact with food(1) Material, das mit Lebensmitteln in Berührung kommt (Bedarfsgegenstand)

maximum level Höchstmenge

maximum permitted quantity of the residual substance(19) höchstzulässiger Restgehalt

maximum usable dose(3) Verwendungshöchstmenge

measure(16) Verwaltungsmaßnahme

measure(10) messen

measure(10)**; measuring unit** Maß; Maßeinheit

measurement uncertainty[16] Meßunsicherheit (Analysenverfahren)

measuring[10] Messen

meat[14] Fleisch

meat hygiene Fleischhygiene

meat inspection Fleischbeschau

Meat Inspection Division of the United States Department of Agriculture (für den Verkehr mit Fleisch zuständige Behörde des US-amerikanischen Landwirtschaftsministeriums)

meat inspector Fleischbeschauer

meat of farmed game[14] Farmwildfleisch

meat preparation[14] Fleischzubereitung

meat products[14] Fleischerzeugnisse

mechanically separated fishery products[14] durch maschinelles Ablösen von Fleisch gewonnenes Fischereierzeugnis

mechanically separated meat[14]**; MSM** Separatorenfleisch

medical food US (Lebensmittel für Personen, die an besonderen Krankheiten leiden)

medical product[1, 10]**; pharmaceutical; drug** Arzneimittel

medium[35]**; M** mittel; M (Gewichtsklasse von Eiern)

medium dry[38] halbtrocken (Wein)

medium sweet[38] lieblich (Wein)

method of marking[14] Kennzeichnungsmethode

migration[19] Stoffübergang (z.B. aus Verpackungen); Übergang von Stoffen; Migration

migration limit, overall[19] Gesamtmigrationsgrenzwert

migration limit, specific[19] spezifischer Migrationswert

migration limits[19] Migrationsgrenzwerte

migration, overall[19] Gesamtmigration

milk, condensed[8] Kondensmilch; kondensierte Vollmilch

milk, condensed high-fat[8] Kondensmilch mit hohem Fettgehalt

milk, condensed partly skimmed[8] teilentrahmte Kondensmilch

milk, condensed skimmed[8] Kondensmagermilch; kondensierte Magermilch

milk, dehydrated siehe milk, totally dehydrated

milk, evaporated GB[8] Kondensmilch mit einem Mindestgehalt von 9% Fett und 31% Milchtrockenmasse

milk hygiene Milchhygiene

milk, partly dehydrated[8] eingedickte Milch

milk, raw[14] Rohmilch

milk, sweetened[8] gezuckerte Kondensmilch; gezuckerte kondensierte Vollmilch

milk, sweetened, condensed,skimmed[8] gezuckerte Kondensmagermilch; gezuckerte kondensierte Magermilch

milk, sweetened condensed, partly skimmed[8] gezuckerte teilentrahmte Kondensmilch; gezuckerte teilentrahmte kondensierte Milch

milk, totally dehydrated[8]**; milk dehydrated** Trockenmilch; Milchpulver

milking equipment[14] Melkgeschirr

milk powder, whole[8] Vollmilchpulver

milk production holding[14] Milcherzeugungsbetrieb

minced meat[14] Hackfleisch; Faschiertes

mineral[2] Mineralstoff; Mineral

... % minimum mindestens ... %

minimum durability Mindesthaltbarkeit

minimum natural alcoholic strength by volume[11] natürlicher Mindestalkoholgehalt in Vol.%

minimum quantity[22] Mindestmenge

misbrand; mislabel falsch bezeichnen

misbranding; mislabelling; misleading description Falschbezeichnung; irreführende Bezeichnung; irreführende Aufmachung

Miscellaneous Food Additives Regulations (Zulassungsverordnung für Lebensmittelzusatzstoffe außer Farbstoffen und Süßungsmitteln im UK)

mislabel siehe misbrand

mislabelling siehe misbranding

mislead[1] irreführen

misleading description siehe misbranding

model certificate[16] Musterbescheinigung

modified starch[2, 5] modifizierte Stärke

molding aid US siehe release agent

molding agent US siehe release agent

mold release agent US siehe release agent

monetary fine proceedings siehe proceedings for the imposition of administrative fines

monitoring[15, 16] Überwachung; Monitoring

monitoring of food safety[1] Überwachung der Lebensmittelsicherheit

monitoring system[3] Überwachungssystem; Kontrollsystem

monopoly on spirits Branntweinmonopol

most prominent claim US (besonders hervorgehobene Werbebehauptung)

moulding agent GB siehe release agent

moulding release agent GB siehe release agent

MSM siehe mechanically separated meat

mulard duck[36] Mulardente

multipack; multi-unit pack; collation pack Sammelpackung

multi-unit pack siehe multi pack

muscovy duck[36] Barbarieente

mutal recognition; reciprocal recognition gegenseitige Anerkennung

mycotoxin Mycotoxin

N

natural alcoholic strength[11] natürlicher Alkoholgehalt

natural flavour; natural flavouring substance; natural flavouring agent natürlicher Aromastoff

natural flavouring agent siehe natural flavour

natural flavouring substance siehe natural flavour

natural food; organic food Naturkost

natural origin natürliche Herkunft

natural source of minerals[20] natürliche Mineralstoffquelle

natural source of vitamins[20] natürliche Vitaminquelle

nature siehe quality

nature-identical naturidentisch

nature-identical flavour; nature-identical flavouring substance; nature-identical flavouring agent naturidentischer Aromastoff

nature-identical flavouring agent siehe nature-identical flavour

nature-identical flavouring substance siehe nature-identical flavour

nauseating ekelerregend

net quantity[2] Nettomenge

net weight Nettogewicht

NOEL siehe no observed effect level

non-alcoholic; alcoholfree alkoholfrei

non-alert notification (Schnellinformation der Kommission der EU über eine mögliche, von Lebensmitteln ausgehende Gefahr)

non-cocoa vegetable fat; foreign fat pflanzliches nicht-Kakaofett; Fremdfett (Schokolade)

non-compliance[16] Verstoß (gegen eine Vorschrift)

non-consumable nicht zum Verzehr bestimmt

nonconsumer package US (nicht für den Endverbraucher bestimmte Packung)

non-prepacked foodstuffs[27] lose Ware

non-returnable container packing; one-trip container Einwegbehälter; Einwegpackung

no observed effect level; NOEL Schwellenwert für eine schädliche Wirkung (Lebensmittelzusatzstoffe)

norm siehe standard

not detectable[19] nicht nachweisbar

notification[12] Anmeldeverfahren

notification procedure[20] Notifizierungsverfahren

notwithstanding[15, 17] ungeachtet unbeschadet (anderer Regelungen)

novel food[23] neuartiges Lebensmittel

novel food ingredient[23] neuartige Lebensmittelzutat

nutraceutical siehe functional food

nutrient[2, 20] Nährstoff; Stoff zu Ernährungszwecken

nutrient claim siehe nutritional claim

nutrient content claim[20] Angabe zum Nährstoffgehalt

nutrient function claim[20] Nährstoffwirkungsangabe

nutrient supplement; nutritive additive Nährstoffzusatz

nutritional ernährungsphysiologisch

nutritional claim[20, 27]**; nutrient claim** nährwertbezogene Behauptung; nährwertbezogene Angabe

nutritional labeling US siehe nutritional labelling

nutritional labelling[8, 20, 27]**; nutrition labeling US; nutritional labeling US** Nährwertkennzeichnung; Nährstoffkennzeichnung

nutritional profile[20] Nährwertprofil

nutritional uses Ernährungszwecke

nutritional value[10] Nährwert

nutritional value, typical per 100 g durchschnittlicher Nährwert pro 100 g

nutrition information[20] Nährwertkennzeichnung

nutrition labeling US siehe nutritional labelling GB

nutritive additive siehe nutrient supplement

nutritive sweetener; sugar substitute; caloric sweetener; bulk sweetener kalorienhaltiges Süßungsmittel; Zuckeraustauschstoff

O

object[32] Einspruch einlegen

object beanstanden

objection[32] Einspruch

objection Beanstandung

objection level Beanstandungsgrenze

objectiv Ziel (einer gesetzlichen Maßnahme)

obligation to tolerate siehe duty to tolerate

obligatory gesetzlich vorgeschrieben

obligatory admixture Beimischungszwang

obligatory deposit Pflichtpfand

obtain gewinnen

obtaining Gewinnung; Gewinnen

oenological practices[11] önologische Verfahren

oenological processes[11] önologische Behandlungen

offal[14] Nebenprodukte der Schlachtung

offer[10] anbieten; feilbieten

offering for sale[12] Anbieten zum Verkauf; Feilbieten

Office of Weights and Measures; Bureau of Standards US Eichbehörde; Eichamt

official amtlich

official certification[16] amtliche Bescheinigung

official chemist Amtschemiker (Chemiker in der Lebensmittelüberwachung)

official control[15, 16] amtliche Überwachung; amtliche Kontrolle

official detention[16] amtliche Inverwahrnahme

official verification number amtliche Prüfnummer

official veterinarian[15] amtlicher Tierarzt; Amtstierarzt

oils, refined[17] raffinierte Öle

one-trip container US siehe non-returnable packing

opinion[12] Stellungnahme

optional wahlfrei (Zusatzstoff)

optional ingredient erlaubter Zusatzstoff

optional particulars[11, 38] fakultative Angaben

order; ordinance Rechtsverordnung; Verordnung; Verfügung; Erlass

ordinance siehe order

organic[33] ökologisch; biologisch

organically grown; biologically grown aus biologischem Anbau

organic farming ökologischer Landbau; ökologische Landwirtschaft; biologischer Landbau; biologische Landwirtschaft

organic food siehe natural food

organic production[33] ökologischer Landbau

P

pack packen; abpacken

pack siehe packaging

packaged in a protective atmosphere unter Schutzatmosphäre verpackt

packaging[2, 10, 13]**; packing** Verpacken; Abpacken; Verpackung (Tätigkeit)

packaging[10]**; pack; box** Packung

packaging gas[2, 5]**; packing gas; protective gas** Verpackungsgas; Schutzgas

packaging material; packing material Verpackungsmittel; Packmaterial

packed ...[35]**; packing date ...** verpackt am ...

packing siehe packaging

packing centre[14, 34] Packstelle (Eier)

packing date[35] Verpackungsdatum

packing date ... siehe packed ...

packing gas siehe packaging gas

packing gas siehe packaging gas

packing material siehe packaging material

parasitic infestation[15] Parasitenbefall

parave siehe pareve

parcel siehe lot

pareve; parave; parve neutral (im Sinne der jüdischen Speisegesetze weder Milch noch Fleisch)

particular nutritional uses, for[24] zu besonderen Ernährungszwecken

parve siehe pareve

perishable leicht verderblich

permission siehe legal permission

personal hygiene[13] persönliche Hygiene

pest control agent siehe pesticide

pesticide; pest control agent Pestizid; Schädlingsbekämpfungsmittel

pharmacentical siehe medical product

pharmacologically active substance[10] Stoff mit pharmakologischer Wirkung

pharmafood siehe functional food

pH control agent US siehe acidity regulator

pH modification agent US siehe acidity regulator

physical check[16] Warenuntersuchung

placing on the market[1, 12] Inverkehrbringen

planting[11] Pflanzen (Weinreben)

planting of vines[11] Rebpflanzung

planting right[11] Pflanzungsrecht (Weinreben)

plant protectant[10]**; crop protecting agent** Pflanzenschutzmittel

plate count[14] Keimzahl

plump[36] vollfleischig (Geflügel)

point of sale[1] Ort des Verkaufs

pollutant Schadstoff

polyol[27] Polyol; mehrwertiger Alkohol

pomace wine siehe marc wine

portion packaging Portionspackung

positive list Positivliste (Zusatzstoffe)

positive-list system System der positiven Listen (Zusatzstoffe)

post-mortem inspection[15] Fleischuntersuchung; Fleischbeschau

potable alcohol sector[11] Trinkalkoholsektor

poultry[14] Geflügel

poultry carcases[36] Geflügelschlachtkörper

poultry cuts[36] Geflügelstücke

poultrymeat[36] Geflügelfleisch

poussin[36] Stubenküken

power[10] siehe authorization

practicability[12] Praktikabilität

praline siehe chocolate

precautionary principle[1] Vorsorgeprinzip

precipitant siehe clarifying agent

precipitating agent siehe clarifying agent

premium quality; A; A1 erstklassige Qualität; erste Qualität; erste Güteklasse

premix Vormischung

prepackaged good siehe consumer pack

prepacked[17] vorverpackt

pre-packed food[12] vorverpacktes Lebensmittel

pre-packed foodstuff[17] Lebensmittel in Fertigpackungen

preparation[33] Aufbereitung

preparation[2]**; preparing** Zubereiten; Zubereitung (Tätigkeit)

prepare zubereiten; berarbeiten

prepared fishery product[14] zubereitetes Fischereierzeugnis

preparing siehe preparation

prescribed vorgeschrieben

prescribed energy statement vorgeschriebene Brennwertangabe

presentation[1, 10] Aufmachung

preservative[2, 5]**; antimicrobial agent; antimicrobial preservative; food preservative** Konservierungsstoff; Konservierungsmittel

price Preis

price; price information; pricing Preisangabe

price information siehe price

price marking Preisauszeichnung

pricing Preisauszeichnung

pricing siehe price

primary legislation Primärrecht (der EU)

primary product[13] Primärerzeugnis

primary production[1, 13] Primärproduktion

primary smoke condensate[30] Primärrauchkondensat

primary tar fraction[30] Primärrauchfraktion (Räucherrauch)

principal display panel US Hauptsichtfeld einer Fertigpackung

probiotic bacteria[20] probiotische Bakterien

procedure[1] Verfahren (der Zubereitung und Verarbeitung von Lebensmitteln)

proceedings for the imposition of administrative fines; monetary fine proceedings Bußgeldverfahren

process verarbeiten

processed cereal-based foods[24] Getreidebeikost (Kindernahrung)

processed fishery products[14] verarbeitete Fischerzeugnisse

processed product[13, 14] Verarbeungserzeugnis

processing[1, 2, 13] Verarbeitung

processing aid[2, 22]**; technical aid; food processing aid; aid; manufacturing auxiliary GB** technischer Hilfsstoff; Verarbeitungshilfe; Verarbeitungshilfsstoff

processing standard Verarbeitungsnorm

produce (frisch angebotenes, nicht verarbeitetes Agrarprodukt)

produced from GMOs[18] aus GVO hergestellt

produce; manufacture herstellen

producer; manufacturer; maker Hersteller; Erzeuger; Produzent

production[1, 33] Erzeugung; Produktion

production area[14] Erzeugungsgebiet (von lebenden Muscheln)

production control; factory control Produktionssteuerung; Fabrikationskontrolle

product liability Produkthaftung

product safey Produktsicherheit

products of animal origin[14] Erzeugnisse tierischen Ursprungs

product specification Produktspezifikation

prohibit verbieten; untersagen

prohibition; ban Verbot

prohibition of irradiation siehe irradiation prohibition

prohibition order Verbotsverfügung

propellant[2, 5, 10]**; propellent; propellent gas** Treibgas

propellant gas siehe propellant

propellent siehe propellant

proportionality[6] Verhältnismäßigkeit

proportion by weight[2] Gewichtsanteil (Zutatenliste)

proprietary name siehe brand name

protected designation of origin geschützte Herkunftsbezeichnung; geschützte Ursprungsbezeichnung

protected geographical indication geschützte geographische Angabe

protection of designations of origin[32] Schutz von Ursprungsbezeichnungen

protection of geographical indications[32] Schutz von geographischen Angaben

protection of health siehe health protection

protective gas siehe packaging gas

public analyst (Chemiker in der Lebensmittelüberwachung)

public health[13, 16] öffentliche Gesundheit

pull date siehe use-by-date

puritiy criteria[2, 10] Reinheitsanforderungen

purity decree; purity law Reinheitsgebot (Bier)

purity law siehe purity decree

purity requirements Reinheitsanforderungen

Q

quality Qualität

quality; nature; state Beschaffenheit

quality control Qualitätslenkung

quality deterioration Qualitätsverschlechterung

quality grade siehe quality grading

quality grading[34]**; quality grade** Güteklasse

quality information Beschaffenheitsangabe

quality label siehe quality mark

quality management Qualitätsmanagement

quality mark; quality label; quality seal; certification mark US; seal of quality Gütesiegel; Gütezeichen; Qualitätssiegel

quality protection Qualitätssicherung

quality regulation Qualitätsvorschrift

quality semi-sparkling wine produced in specific regions[11] Qualitätsperlwein bestimmter Anbaugebiete.

quality sparkling wine produced in specific regions[11] Qualitätsschaumwein bestimmter Anbaugebiete

quality standard Qualitätsnorm

quality wine produced in specific regions[11, 38]**; quality wine psr (oder PSR)** Qualitätswein bestimmter Anbaugebiete; Q.b.A. Wein

quantitative ingredient declaration siehe QUID

quantum satis[3, 5] quantum satis (die zur Erreichung einer bestimmten Wirkung gerade ausreichende Menge eines Zusatzstoffes)

QUID; quantitative ingredient declaration QUID; quantitative Zutatenkennzeichnung; Mengenkennzeichnung von Zutaten; mengenmäßige Angaben der Zutaten

R

raising agent[2, 5]; leavening agent; aerating agent; leavener Backtriebmittel; Teiglockerungsmittel; Triebmittel

raisin spirit[29] Korinthenbrand

rapid-alert notification (Schnellinformation der Kommission der EU über den Verdacht auf eine ernste und unmittelbare von Lebensmitteln ausgehende Gesunheitsgefahr)

rapid-alert system[1]; alert notification system Schnellwarnsystem

rapid alert system for food and feed; RASFF Schnellwarnsystem für Lebens- und Futtermittel

RASFF siehe rapid alert system for food and feed

raw material; basic material Grundstoff; Rohstoff

RDA siehe recommended daily allowance

RDI siehe recommended daily allowance

reaction flavouring Reaktionsaroma

reaction product Umwandlungsprodukt

rearing method[35] Haltungsart (Geflügel); Legehennenhaltung

reasonableness Verhältnismäßigkeit

recall Rückruf

recall zurückrufen; zurückholen

recipe GB siehe formulation

reciprocal recognition siehe mutal recognition

recommended daily allowance[27]; recommended daily intake; recommended daily amount GB; RDI; RDA empfohlene Tagesdosis; empfohlene tägliche Aufnahmemenge

recommended daily amount GB siehe recommended daily allowance

recommended daily intake siehe recommended daily allowance

reconstituted product rekonstituiertes Erzeugnis

recovery[16] Wiederfindungsrate (Analyseverfahren)

rectified concentrated grape must[11] rektifiziertes Traubenmostkonzentrat

reduced-fat[7] fettreduziert

reduced in ...[20] mit reduziertem Gehalt an ...

reduction of disease risk claim[20] Angabe bezüglich der Reduzierung eines Krankheitsrisikos

reference laboratory[16] Referenzlaboratorium

reference method Referenzmethode

reflection paper Diskussionspapier (der EU-Kommission)

refrigerating[10] Kühlen

register[10] registrieren

registration[13] Eintragung

regrading[35] Herabstufung (bezüglich Qualität)

regulation[1] Rechtsvorschrift (allgemein)

regulation; council regulation Verordnung (der Europäischen Union, die automatisch in jedem Mitgliedstaat gilt)

relaying[14] Umsetzen (Verlagerung lebender Muscheln)

relaying area[14] Umsetzungsgebiet (für lebende Muscheln)

release agent[2, 5]**; releasing agent; antistick agent; depanning agent; pan release agent; mould release agent GB; mold release agent US; moulding agent GB; molding aid US; lubricant** Formtrennmittel; Trennmittel; Gleitmittel

releasing agent siehe release agent

religious dietary laws religiöse Speisevorschriften; religiöse Speisegesetze

remove entfernen

renewal[12] Erneuerung; Verlängerung (Zulassung)

repackaging[35] Umpacken

repeal[31] aufheben; außer Kraft setzen (gesetzliche Bestimmung)

repeatability[16] Wiederholbarkeit (Analyseverfahren)

replanting right[11] Wiederbepflanzungsrecht (Weinreben)

reproducibility[16] Reproduzierbarkeit (Analyseverfahren)

requirement Anforderung (allgemein)

requirements of approval[35] Zulassungsbedingungen

reserved description vorbehaltene Bezeichnung

residue[9] Rückstand (von Kontaminanten u. a.)

residue contamination Rückstandsbelastung

responsibility[15] Zuständigkeit

restricted use in food[2] für Lebensmittel, begrenzte Verwendung

retail[1, 14] Einzelhandel

retailer Einzelhändler

returnable package Mehrwegpackung

revenue seal siehe tax seal

reversal discrimination Umkehrdiskriminierung

revocation[12] Widerruf (einer gesetzlichen Bestimmung)

risk[1] Risiko

risk analysis[1] Risikoanalyse

risk assessment[1] Risikoabschätzung; Risikobewertung

risk assessor[1] Risiokobewerter

risk communication[1] Risikokommunikation

risk management[1] Risikomanagement

risk material[15] Risikomaterial

risk of health[1] Gesundheitsrisiko

rule Regel; Richtlinie; Rechtsregel; Norm; Vorschrift

S

S siehe small

safeness siehe safety

safety; safeness; harmlessness Unbedenklichkeit

safety data sheet Sicherheitsdatenblatt

safety factor Sicherheitsfaktor

sales description(7) Verkehrsbezeichnung

sales name(9) Verkehrsbezeichnung

salt-free(20) kochsalzfrei

salt substitute Kochsalzersatz

salt tax Salzsteuer

sample; specimen Warenmuster; Warenprobe; Muster

sampling(10, 16) Probenahme

sanitary standard; hygiene standard Hygienestandard

sanitizer US siehe disinfectant

sanitizing agent US siehe disinfectant

saturated-fat free(20) frei von ungesättigten Fettsäuren

Scientific Committee for Food(2) Wissenschaftlicher Lebensmittelausschuß

scope Anwendungsbereich (eines Gesetzes)

secondary direct food additive US (Zusatzstoff, der wieder aus einem Lebensmittel entfernt wird)

secondary sample Zweitprobe

seizure Beschlagnahme; Sicherstellung

selachii(37) Knorpelfische

selectivity(16) Selektivität (Analyseverfahren)

self-evidence Selbstverständlichkeit (Lebensmittelwerbung)

sell by...(35) Verkauf bis...

sell-by date, recommended(35) empfohlenes Verkaufsdatum

semi-finished product Halbfabrikat; Halberzeugnis

sensitivity(16) Empfindlichkeit (Analyseverfahren)

sequestrant(2, 5)**; sequestring agent; complexing agent; chelating agent** Komplexbildner; Chelatbildner; Komplexierungsmittel

sequestring agent siehe sequestrant

setting agent siehe gelling agent

sheath(10) Umhüllung

shechitah Schächten (jüdische Speisegesetze)

single pack siehe unit package

size categories[37] Größeklassen

skin not suitable for consumption Schale nicht zum Verzehr geeignet

slaughterhouse[14, 36] Schlachthof

slaughterhouse operator[14] Schlachthofbetreiber

slaughter hygiene[14] Schlachthygiene

slaughter premise[14] Schlachtanlage

small packs[34] Kleinpackungen

small[35]**; S** klein; S (Gewichtsklasse von Eiern)

small wild game[14] Kleinwild

smoke flavourings[30] Raucharomen (als Zusatz)

snails[14] Schnecken

sodium-free[20] natriumfrei

solvent[25] Lösungsmittel

source of fibre[20] Ballaststoffquelle

source of phenylalanine[3] Phenylalaninquelle

source of protein[20] Proteinquelle

special emphasis; emphasis besondere Hervorhebung (einer Zutat auf der Zutatenliste)

specification[19] Spezifikation

specific knowledge; expertise Sachkunde

specific nutritional porposes, for[24] für eine besondere Ernährung bestimmt

specimen siehe sample

spices, mixed[17] Gewürzmischung

spirit drinks[40] Spirituosen

spot check inspection Stichprobenprüfung

SPS agreement siehe agreement on the application of sanitary and phytosanitary measures

stabiliser[2, 5]**; stabilizer US** Stabilisator; Stabilisierungsmittel

stabilizing agent US siehe stabilizer

staff hygiene[14] Personalhygiene

stage of production[1] Produktionsstufe

stamp stempeln

stamping[10] Bedrucken; Stempeln

standardized food US (Lebensmittel, für das es einen Standard gibt)

standard[1]**; norm** Norm; Standard

standard of identity US Warenstandard

starter culture siehe culture of microorganisms

state siehe quality

statutory exemption siehe exemption provision

statutory instrument GB siehe order

statutory order siehe order

stock siehe store

stocking siehe storing

storage[2] Lagerung

store; stock aufbewahren; lagern

storing[10]**; stocking** Aufbewahren; Lagern

subsidiarity[6] Subsidiarität

subsidiary principle Subsidiaritätsprinzip

substancial equivalence[23] wesentliche Gleichwertigkeit (genetisch modifizierte Lebensmittel)

substandard US; substandard quality US zweite Wahl; unter der Norm

substandard quality US siehe substandard US

substitute; replacement; replacer; imitate; ersatz; surrogate; analogue; analog US; mimic; mimetic Ersatzmittel; Ersatz; Ersatzstoff; Surrogat; Austauschstoff; Imitat; nachgemachtes Lebensmittel

sugar, extra-white[6] raffinierter Zucker; raffinierter Weißzucker; Raffinade

sugar, semi-white[6] Halbweißzucker

sugar, white[6] Weißzucker

sugars Zuckerarten

sugars, with no added[20] ohne Zuckerzusatz

sugars-free[20] zuckerfrei

sugar solution[6] Flüssigzucker

supervision[12] Überwachung

support of application[23] Befürwortung eines Antrages

surface treatment agent Oberflächenbehandlungsmittel

surgreffage siehe grafting-on

surveillance[16] Überwachung

suspected verdächtig; unter Verdacht stehend

suspension[12] Aussetzung (einer gesetzlichen Maßnahme)

sweet[38] süß (Wein)

sweetener; sweetening agent; edulcorant Süßungsmittel; Süßmittel

sweetening[11, 39] Süßung (Wein)

sweetening agent siehe sweetener

system of aid[11] Beihilferegelung

T

table salt siehe cooking salt

table-top sweetener(3) Tafelsüße

table wine(11) Tafelwein

tag; ticket Preisschildchen; Anhängeetikett

tag auszeichnen (Ware mit einem Preis versehen)

tax siehe duty GB

tax on spirits Branntweinsteuer

tax seal; revenue seal Steuerbanderole

technical aid siehe processing aid

technically unavoidable(10) technisch unvermeidbar

technologically essential technisch notwendig (Zusatzstoff)

technological need technische Notwendigkeit (Zusatzstoff)

terrestrial gastropods(14) Landlungenschnecken

test laboratory Prüflabor

thaw loss(36) Auftauverlust

thickener siehe thickening agent

thickening agent(2, 5)**; thickener; binding agent; binder** Verdickungsmittel; Dickungsmittel; Bindemittel

thigh(36) Oberschenkel (Geflügel)

third country Drittland

three-quarter-fat(7) dreiviertelfett

threshold(12) Schwellenwert

ticket siehe tag

tirage liqueur, filling liqueur(11) Fülldosage (Schaumwein)

tobacco(1) Tabak

tobacco, raw(10) Rohtabak

tobacco destined to be chewed(10) Kautabak

tobacco destined to be snuffed(10) Schnupftabak

tobacco products(1) Tabakerzeugnisse

toys(10) Spielwaren

traceability Rückverfolgbarkeit

trace element(2) Spurenelement

trade description Handelsbezeichnung

trade practice Handelsbrauch

trading partner(1) Handelspartner

traditional(7) traditionell

traditional free range(36) bäuerliche Auslaufhaltung (Geflügel)

traditional guaranteed speciality garantierte traditionelle Spezialität

traditional terms[38] traditionelle Begriffe

transfer of genetic material[23] Transfer genetischen Materials

transferring[10] Umfüllen

transitional measures[15]**; transitional provisions** Übergangsbestimmungen; Übergangsregelungen

transitional period Übergangsfrist (gesetzliche Vorschriften)

transitional provision siehe transitionel measures

transmissible spongiform encephalopathies[15] transmissible spongiforme Enzephalopathien

transport[2, 13] Beförderung

transport verbringen; befördern

transport container Transportbehälter

transporting[10] Befördern

treat behandeln

treated stomachs, bladders and intestines[14] bearbeitete Mägen, Blasen und Därme

treating[2]**; treatment** Behandeln; Behandlung

treatment siehe treating

trichinosis[15] Trichinose

tuberculosis[15] Tuberkulose

U

ultimate consumer[1, 2, 12]**; final consumer** Endverbraucher; Letztverbraucher

ultraviolet radiation[10] ultraviolette Bestrahlung

uncaramelised grape must[11] nicht karamelisierter Traubenmost

unfit for human consuption[1] genussuntauglich; ungeeignet für den menschlichen Verzehr

unfitness for human consumption Genussuntauglichkeit

ungulate[14] Huftier

unintentional food additive US siehe contaminant

unique identifier[18] spezifischer Erkennungsmarker (genetisch veränderte Organismen)

unit pack siehe unit package

unit package; unit pack; single pack Einzelpackung

unprocessed product[1, 4, 5, 13] unbehandeltes Erzeugnis

unsafe[1] unsicher; nicht sicher (Lebensmittel oder Zusatzstoffe)

unseparated leg quarter[31] Hinterviertel am Stück (Geflügel)

use by ... GB[17] verbrauchen (bis ...)

use-by-date[17]**; pull date** Verbrauchsdatum (letzter Verkaufstag)

use in food[2] Verwendung in Lebensmitteln

V

vendor(38) Verkäufer

verification(16) Verifizierung

vermouth(39) Wermut; Wermuwein

very large; XL sehr groß (Gewichtsklasse bei Eiern)

very low sodium(20) sehr natriumarm

veterinary supervision siehe veterinary surveillance

veterinary surveillance; veterinary supervision Veterinärkontrolle: tierärztliche Lebensmittelüberwachung

view Verkehrsauffassung

vine variety Rebsorte

vintage year(38) Erntejahr; Jahrgang (Wein)

viscera(14) Eingeweide; Innereien

visible parasites(37) sichtbare Parasiten (Fische)

vitamin(2) Vitamin

volume marking Volumenangabe

voluntary freiwillig (z.B. Deklaration)

W

waiting period Wartezeit

warehousing[34] Einlagerung

warning[3]; **warning label** Warnhinweis

warning call Warnruf

warning label siehe warning

water supply[13] Wasserversorgung

waxed gewachst

weigh wiegen

weighing[10] Wiegen

weight[10] Gewicht

weight grading[34] Gewichtsklasse

weight loss Gewichtsverlust

weight marking Gewichtsangabe

whereas in Erwägung nachstehender Gründe..; in Anbetracht der Tatsache (einleitender Text in Verordnungen der EU)

whitefish[37] Magerfische

wholesale market[14] Großmarkt

wild game[14] frei lebendes Wild

wild ungulates[14] frei lebende Huftiere

wine, aromatised[39] aromatisierter Wein

wine, bitter ~ -aromatised[39] bitterer aromatisierter Wein

wine, fortified for distillation[11] Brennwein

wine-growing zone[11] Weinbauzone

wine, new[11] Jungwein

wine-based drink, aromatised[39] aromatisiertes weinhaltiges Getränk

wine lees[11] Weintrub

wine marc[11] Traubentrester

wine of overripe grapes[38] Wein aus überreifen Trauben

wine-product cocktails, aromatised[39] aromatisierte weinhaltige Cocktails

wine sector products[38] Weinbauerzeugnisse

wine, semi-sparkling Perlwein

wine, sparkling Schaumwein

wine spirit[29] Branntwein

wine suitable for yielding table wine[11] zur Gewinnung von Tafelwein geeigneter Wein

wing[36] Flügel (Geflügel)

with no added sugar[3] ohne Zuckerzusatz

without siehe free from

without prejustice to ...[19]
unbeschadet (amtliche Vorschriften)

World Trade Organisation; WTO
Welthandelsorganisation

wrapping[10, 13] Umhüllung

WTO siehe World Trade Organisation

X

XL siehe very large

Y

yield per hectare[11] Hektarertrag (Wein)

young children[28] Kleinkinder

Deutsch – Englisch
German – English

A

abfüllen fill

abfüllen (auf Flaschen)[22] bottle

Abfüllen filling

Abfüllen (auf Flaschen) bottling

Abfüller[38] bottler

Abfüllung[38] bottling

Abgabe siehe Steuer

Abgabe (an den Verbraucher) handing over; delivery

abgeben hand over

abgeben an andere[10] issuing to others

abgefüllt für ... bottled for ...

abgefüllt von ...[38] bottled by ...

abgelaufen (Mindesthaltbarkeitsdatum) date-elapsed

Abpackdatum date of packaging

abpacken pack

Abpacken packing

absichtliche Freisetzung [12] deliberate release

absteigende Reihenfolge[2] descending order

Abtropfgewicht drained weight

Agrarerzeugnis[32] agricultural product; agricultural produce

akkreditieren accredit

Akkreditierung accrediting; accreditation

Akkreditierungsurkunde accreditation certificate

aktive Lebensmittelkontakt-Gegenstände [31] active food contact articles

aktive Lebensmittelkontakt-Materialien[31] active food contact materials

alc. siehe Alkoholgehalt, vorhandener

Alkohol[27]**; Ethanol** alcohol; ethanol

alkoholfrei non-alcoholic

Alkoholgehalt, natürlicher[11] natural alcoholic strength

Alkoholgehalt, natürlicher in Vol.%[11] minimum natural alcoholic strength by volume

Alkoholgehalt, potenzieller[11, 39] potential alcoholic strength

Alkoholgehalt, vorhandener[11, 17, 38, 39]**; alc.** actual alcoholic strength

Alkoholgesetze siehe Schankgesetze

Allergen allergen

allergenes Potenzial[23] allergenic potential

allergene Zutat allergenic ingredient

Allergenkennzeichnung allergen labelling

allergisch allergenic

Allgemeinverfügung (general exceptional permission for the import of food legally produced in EU member states); (general order)

Aminosäure amino acid

amtlich official

amtliche Inverwahrnahme[16] official detention

amtliche Kontrolle[16]; **amtliche Überwachung** official control

amtliche Prüfnummer official verification number

amtlicher Tierarzt[15] official veterinarian

amtliche Sammlung von Untersuchungsverfahren (German official compilation of test procedures)

amtliches Bescheinigen[16] official certification

Anbau, aus biologischem organically grown; biologically grown

Anbieten[10, 12]; **Feilhalten** offering for sale

anbieten[10, 12]; **feilhalten** offer

Anbieter supplier

Anbieter von Gemeinschaftsverpflegung[12] mass caterer

Anforderung (allgemein) requirement

Anforderungen an die Lebensmittelsicherheit food safety requirements

Angabe (Aussage über besondere Eigenschaften)[20] claim

Angabe bezüglich der Reduzierung eines Krankheitsrisikos[20] reduction of disease risk claim

Angaben, fakultative[11, 38]; **freiwillige Angaben** optional particulars

Angaben, obligatorische[11, 38] compulsory particulars

angemessener Grad des Verbraucherschutzes appropriate level of protection; ALOP

angereichert mit ... enriched in ...

Anhängeetikett siehe Preisschildchen

Anhörung[10] hearing

Anlage; Räumlichkeit (Fabrikteil) premise

Anmeldeverfahren[12] notification

annehmbare Qualitätsgrenze acceptable quality level

Anreicherung[11] enrichment

Anreicherungsgrenze[11] enrichment limit

Ansatz[2]; **Charge; Partie** batch; lot

Antibackmittel siehe Trennmittel

Antiklumpungsmittel siehe Trennmittel

Antioxidans[2, 5]; **Antioxidationsmittel** antioxidant

Antioxidationsmittel siehe Antioxidans

Anwendungsbereich (eines Gesetzes) scope

Aquakultur aquaculture

Aquakultur, aus[21] farmed

Aroma[2]**; Aromastoff** flavouring; flavouring agent; aroma substance; flavouring ingredient

Aromaextrakt flavouring preparation; aroma extract

Aromaextrakt, natürlicher[39] natural flavouring preparation

Aromastoff siehe Aroma

Aromastoff, natürlicher[39] natural flavouring substance

Aromastoff siehe Aroma

Aromastoff; Geschmacksstoff flavouring agent

aromatisierte weinhaltige Cocktails[39] aromatised wine-product cocktails

aromatisierte weinhaltige Getränke[39] aromatised wine-based drinks

Aromatisierung (Wein)[39] flavouring

Aromatisierungsmittel siehe Aromastoff

Aromatisierungsmittel aromatic

Aromaverstärker siehe Geschmacksverstärker

Aromazusatz flavour addition; aroma additive; food flavouring

Arzneimittel[10] pharmaceutical; drug

Arzneimittel[1, 10] medical product; pharmaceutical; drug

Aufbewahren[10, 22]**; Lagern** storing; stocking

aufbewahren; lagern store; stock

Aufbrauchfrist consuming period

aufgetaut defrosted

auf Grund von ... (Bezeichnung in Richtlinien der EU im Sinne von gesetzlichen Grundlagen) siehe gestützt auf ...

aufheben[31]**; außer Kraft setzen (gesetzliche Bestimmung)** repeal

Aufmachung[10, 22] presentation

Aufmachung[38] designation

Aufschlagmittel siehe Schaummittel

Auftauen[22] defrosting

Auftauen, nach dem ~ nicht wieder einfrieren do not refreeze after defrosting

Auftauverlust[36] thaw loss

Ausfuhr siehe Export

ausgenommen, teilweise (Geflügel)[36] partially eviscerated

Auslage display

Auslaufhaltung (Geflügel)[36] free range

Auslaufhaltung, bäuerliche (Geflügel)[36] traditional free range

auslegen; zur Schau stellen display

Ausnahmegenehmigung exceptional provision; exemption permit; exemption provision; statutory exemption; exemption

ausreichende Kenntlichmachung adequate labelling

außer Kraft setzen (gesetzliche Bestimmung) siehe aufheben

Aussetzung (einer gesetzlichen Maßnahme)[(12)] suspension

auszeichnen (Ware mit einem Preis versehen) tag

Authentifizierung; Echtheitsbescheinigung authentication

Authentizität; Echtheit; Unverfälschtheit authenticity; genuineness

aviäre Influenza siehe Vogelgrippe

B

Backmittel bakery additive; baking agent; baking additive; bread improver; baking improver

Backtriebmittel[1, 5]**; Teiglockerungsmittel; Triebmittel** raising agent; leavening aagent, aerating agent

Ballaststoff[27] fibre; dietary fibre GB; dietary fiber US

Ballaststoffgehalt, hoher[20] high fibre

Ballaststoffquelle[20] source of fibre

Banderole[35] band

Barbarieente[36] muscovy duck

Basis-Verordnung Lebensmittelrecht (der EU) general food law

beanstanden object

Beanstandung objection, complaint

Beanstandungsgrenze objection level

Beantragung einer Zulassung[12] application for authorisation

bearbeiten siehe zubereiten

Bedarfsgegenstände; Gebrauchgegenstände (Schweiz) (objects destined to come into contact or reacting with food or the human body like packages, certain clothing, cleansing agents and similar non-food items)

Bedrucken[10, 22]**; Stempeln** stamping

Befördern[10] transporting

befördern[10] transport

Beförderung[2, 13] transport

Befürwortung eines Antrages[23] support an application

Begleitdokumente[38]**; Begleitpapiere** accompanying documents

Begleitpapiere siehe Begleitdokumente

Begleitstoff siehe Hilfsstoff

begrenzte Verwendung, für Lebensmittel[2] restricted use in food

Begriffsbestimmung[8, 9, 10, 39] definiton; lay down definition

Begutachtung assessment

Behälter[10]**; Behältnis** container

Behältnis siehe Behälter

behandeln treat

Behandeln[10, 22] treating; treatment

Behörde[12] authority

behördliche Genehmigung (zum Alkoholausschank) siehe Konzession

Beihilfe (Wein)[11] aid

Beihilferegelung[11] system of aid

Beikost für Säuglinge und Kleinkinder[24] baby food for infants and young children

Beimischungszwang obligatory admixture

Beratender Lebensmittelausschuß (der EU) Advisory Committee on Food

Bereithalten keep ready

Berichtigung (Gesetz) siehe Ergänzung

Beschaffenheit quality; nature; state

Beschaffenheitsangaben quality information

Bescheinigung certificate

Beschichtung[31] coating material

Beschlagnahme; Sicherstellung seizure

besondere Hervorhebung (einer Zutat auf der Zutatenliste) special emphasis; emphasis

bestimmt für ... destined for ...

bestrahlt[17]**; mit ionisierenden Strahlen behandelt** irradiated

Bestrahlung irradiation

Bestrahlungsverbot irradiation prohibition; prohibition of irradiation

Betriebskontrolle factory check; factory monitoring

Betrug fraud

Betrug am Verbraucher siehe Verbraucherbetrug

Bezeichnung; Markierung mark

Bezeichnung, geographische[11] geographical indication

Bierbesteuerung beer taxation

bilanzierte Diät siehe Lebensmittel, die für eine besondere Ernährung bestimmt sind

Bindegewebe connective tissue

Bindemittel siehe Verdickungsmittel

Bindemittel (Tabletten) binder

Binnenfischerei[21] caught in fresh water

Binnenmarkt[20] internal market

biologischer Landbau siehe ökologische Landwirtschaft

Bio-Siegel bio seal

Bleichmittel bleaching agent

Blickfeld siehe Sichtfeld

Boden (Geflügelhaltung)[35] barn

Branntwein[29] wine spirit

Branntweinmonopol monopoly on spirits

Branntweinsteuer tax on spirits

Brennwein[11] wine fortified for distillation

Brennwert[26, 27] energy value; available energy value

Brennwertangabe energy statement

brennwertarm siehe kalorienarm

brennwertvermindert[3]**; kalorienvermindert** energy-reduced; calorie-reduced

brennwertvermindertes Lebensmittel calorie-reduced food; countline product

Brucellose[15] brucellosis

Brustfilet mit Schlüsselbein (Geflügel)[36] breat fillet with wishbone

Bruteier[34] eggs for hatching

BSE; spongiforme Rinder-Enzephalopathie; Rinderwahnsinn BSE; bovine spongiforme enzephalopathie; mad cow disease

Bußgeld fine

Bußgeldverfahren proceedings for the imposition of administrative fines; monetary fine proceedings

C

Caterer (Lieferant für Speisen u. Getränke) caterer

Charge siehe Posten

Charge siehe Ansatz

Chargenidentifizierung batch identification

Chargenrückverfolgbarkeit batch traceability

Chelatbildner siehe Komlexbildner

cholesterinarm low cholesterol

D

Datumskennzeichnung; Datumskodierung date coding; dating; date marking; date stamping

Datumskodierung siehe Datumskennzeichnung

dazu bestimmt[19] intended for

Deklaration; Kennzeichnung declaration

deklarieren label

deklarieren; kennzeichnen declare

Dekontamination, Entseuchung decontamination

denaturieren; vergällen; ungenießbar machen denature

Denaturierung; Vergällung denaturation

Designer-Lebensmittel designer food

Desinfektion disinfection ; sanitizing US

Desinfektionsmittel disinfectant; sanitizer US; sanitizing agent US

Destillation, obligatorische[11] compulsory distillation

Destillationsregelung[11] distillation system

Detergentien; Reinigungsmittel detergents

deutlich sichtbar[14] clearly displayed

Deutsche Lebensmittelbuch-Kommission[10, 22] (German Food Code Commission)

Deutsches Lebensmittelbuch[10, 22] (German Food Code)

Dextrose[6]**; Traubenzucker** dextrose

Diabetikerlebensmittel diabetic food

diätetisch [26] dietetic; dietary

diätetisches Lebensmittel; Diätlebensmittel dietetic food; food for special dietary use US; dietary food US

Diätlebensmittel siehe diätetisches Lebensmittel

Diätsalz[26] dietary salt

Diätverordnung dietetic food regulation

Dickungsmittel siehe Verdickungsmittel

Diskriminierung discrimination

Diskussionspapier (der Europäischen Kommission) reflection paper

Dokumentenprüfung[16] documentary check

Dosenpfand can deposit

dreiviertelfett[7] three-quarter-fat

Dringlichkeitsfall emergency

Dringlichkeitsverordnung (emergency regulation)

Drip-Verfahren (Auftauen)[36] drip test

Drittland[11, 33] third country

DTA siehe duldbare tägliche Aufnahmemenge

duldbare tägliche Aufnahmemenge; DTA ADI; acceptable daily intake

Duldungspflicht duty to tolerate; obligation to tolerate

Düngemittel-Rückstände fertilizer residues

Durchführungsbefugnis (EU-Richtlinie)[6] implementation power

Durchführungsbestimmung[12] implementing regulation; implementing measures

Durchführungsmaßnahme (von amtlichen Bestimmungen)[15] implementing measure

Durchführungsvorschrift[16] implementing measure

durchschnittlicher Wert[27]**; durchschnittlicher Gehalt** average value

Durchschnittsgewicht average weight

Durchschnittsverbraucher[20] average consumer

Durchsetzungmaßnahme (von amtlichen Bestimmungen)[16] enforcement measure

E

"e" (Vermerk auf Etiketten, wenn bei der Abfüllung bestimmte eichrechtliche Anforderungen erfüllt sind) "e", "e" mark

EAN-Code siehe Strichcode

EBLS siehe Europäische Behörde für Lebensmittelsicherheit

Echtheit siehe Authentizität

Echtheitsbescheinigung siehe Authentifizierung

EG-Nummer siehe E-Nummer

Eichamt; Eichbehörde Office of Weights and Measures; Bureau of Standards US

Eichbehörde siehe Eichamt

eichen calibrate; gauge

Eichmarke (Schankgefäße) line measure

Eichung calibration

Eier(14) eggs

Eier, angeschlagene(34) broken eggs

Eier aus Bodenhaltung(35) barn eggs

Eier aus Freilandhaltung(35) free range eggs

Eier aus Käfighaltung(35) eggs from caged hens

Eier, ausschließlich zur Verarbeitung bestimmte(35) eggs intended exclusively for processing

Eier, bebrütete(34) incubated eggs

Eierklassen(35) grades of eggs

Eierlikör(29) egg liqueur

Eilverordnung bei Vorliegen besonderer gesundheitlicher Risiken emergency control order GB; emergency prohibition

Einfuhr siehe Import

Eingeweide(14)**; Innereien** viscera

Einlagerung(34) warehousing

Einspruch(32) objection

Einspruch einlegen(32) object

Eintragung(13)**; Registrierung** registration

einwandfreie Fabrikationsweise siehe gute Herstellungspraxis

Einwegbehälter; Einwegpackung non-returnable packing; one-trip container US

Einwegpackung siehe Einwegbehälter

Einzelhandel(14) retail

Einzelhändler retailer

Einzelpackung unit package; unit pack; single pack

Einziehung[10] confiscation

Eiprodukte[14] egg products

ekelerregend nauseating

"e" mark siehe "e"

Empfindlichkeit (Analyseverfahren)[16] sensitivity

empfohlene tägliche Aufnahmemenge[27]**; empfohlene Tagesdosis** recommended daily allowance; recommended daily intake; recommended daily amount GB; RDI; RDA

Emulgator[2, 5] emulsifier; emulsifying agent

Enderzeugnis; Endprodukt final product

Endpreis final price

Endprodukt siehe Enderzeugnis

Endverbraucher[1, 2, 12]**; Letztverbraucher** ultimate consumer; final consumer

energiearm[20] low energy

energiefrei[20] energy-free

energiereduziert[20] energy-reduced

Energiewert siehe Brennwert

entfernen remove

enthält ...[20] contains ...

enthalten contain

Entkeimungsmittel germicide

entkoffeiniert decaffeinated

entölte Kakaotrockenmasse[9] dry non-fat cocoa solids

Entsäuerung (Wein)[11] deacidification

Entschäumer siehe Schaumverhüter

Entseuchung siehe Dekontamination

entsprechendes herkömmliches Erzeugnis[12] conventional counterpart

Entwesung disinfestation

E-Nummer; EG-Nummer E-number

Enzian (Spirituose)[29] gentian spirit

Enzym[2] enzyme

Enzympräparat; Enzymzubereitung enzyme preparation; industrial enzyme

Enzymzubereitung siehe Enzymprärat

Ergänzung; Berichtigung (Gesetz) amendment

erhöhter Anteil an ...[20] increased ...

Erlass siehe Rechtsverordnung

Erlaubnis siehe Konzession

erlaubter Zusatzstoff optional ingredient

erläuternde Angaben (z. B. auf Etiketten) explanatory notes

ermächtigen empower

Ermächtigung[10, 22] authorization; power

Ernährung, für eine besondere ~ bestimmt[24] for specific nutritional purposes

ernährungsphysiologisch nutritional

Ernährungszwecke nutritional purposes

Ernährungszwecken, Stoff zu ~[2]**; Nährstoff** nutrient

Ernährungszwecken, zu besonderen[24] for particular nutritional uses

Erneuerung[12]**; Verlängerung (einer Zulassung)** renewal

Erntejahr[38]**; Jahrgang (Wein)** vintage year

erste Qualität; erste Güteklasse; erstklassige Qualität premium quality; A; A1; choice

erstklassige Qualität siehe erste Qualität

Erstprüfung (Zulassungsantrag)[23] initial assessment

Erzeuger siehe Hersteller

Erzeuger (von lebenden Muscheln)[14] gatherer

Erzeugerabfüllung siehe Originalabfüllung

Erzeugnisse tierischen Ursprungs[14] products of animal origin

Erzeugung[1, 35]**; Produktion** production

Erzeugungsgebiet (von lebenden Muscheln)[14] production area

Essen[10, 22] eating

Ethanol Alkohol

Etikettierung labelling GB; labeling US

Etikettierungsbestimmungen[6]**; Kennzeichnungsvorschriften** labelling rules; labelling requirements

Etikett; Packungsaufschrift label; labelling

Europäische Behörde für Lebensmittelsicherheit; EBLS European Food Safety Authority

Export; Ausfuhr export

Exporteur exporter

Expression neuartigen genetischen Materials[23] expression of novel genetic material

extra extra

Extraktionslösemittel[25]**; Extraktionslösungsmittel** extraction solvent; extracting solvent; extractant

Extraktionslösungsmittel siehe Extraktionslösemittel

Extraktionsmittelrichtlinie extraction solvents directive

extra trocken[39] extra dry

F

Fabrikationsdatum siehe Herstellungsdatum

Fabrikschiff (Fischerei)[14] factory vessel

Fällungsmittel siehe Klärmittel

Färbemittel siehe Lebensmittelfarbstoff

falsch siehe nachgemacht

falsch bezeichnen misbrand; mislabel

falsch bezeichnet improperly labelled

Falschbezeichnung[22]**; irreführende Bezeichnung; irreführende Aufmachung** misbranding; mislabelling; misleading description; false trade description

falsche Bezeichnung (Tätigkeit) false describing

Fangplatz[37] fishing ground

Fantasienamen[17] fancy name

färbendes Lebensmittel (food with colouring properties not being a food colouring agent)

Farbmittel siehe Lebensmittelfarbstoff

Farbstabilisator colour fixative; color control agent US; colour stabilizer GB; color stabilizer US; color retention agent US

Farbstoff siehe Lebensmittelfarbstoff

Farbstoffzusatz siehe Lebensmittelfarbstoff

Farmgeflügeleier in der Schale[14] eggs in shell

Farmwild[14] farmed game

Farmwildfleisch[14] meat of farmed game

Faschiertes siehe Hackfleisch

Feilbieten[12] siehe Anbieten

feilhalten siehe anbieten

fein (von besonderer Qualität) fine

Fertiggericht ready-to-serve meal

Fertigpackung consumer pack; consumer package; prepackaged good

Festigungsmittel[2, 5] firming agent

fettarm[7, 20] low-fat

Fette, ausgelassene tierische[14] rendered animal fats

Fette, raffinierte[17] refined fats

Fettfische[37] bluefish

fettfrei[20]**; ohne Fett** fat-free

fettreduziert[7] reduced-fat

Feuchthaltemittel[2, 4, 5] humectant

Fischereierzeugnis[14] fishery product

Fischereierzeugnis , durch maschinelles Ablösen von Fleisch gewonnenes[14]mechanically separated fishery product

Fischereierzeugnis, zubereitetes[14] prepared fishery product; processed fishery product

Fischerei- und Aquakulturerzeugnisse fishery and aquaculture products

Flaschenpfand bottle deposit

Fleisch[14] meat

Fleisch, frisches siehe Frischfleisch

Fleischbeschau siehe Fleischuntersuchung

Fleischbeschauer meat inspector

Fleischerzeunisse[14] meat products

Fleischhygiene meat hygiene

Fleischuntersuchung[15]**; Fleischbeschau** post-mortem inspection

Fleischzubereitung[14] meat preparation

Flockungsmittel siehe Klärmittel

Flügel (Geflügel)[36] wing

Flüssigei[14] liquid egg

Flüssigzucker[6] sugar solution

Folgenahrung[24, 28] follow-on formulae

Formtrennmittel[2, 5]**; Trennmittel; Gleitmittel** release agent; releasing agent; antistick agent; depanning agent; pan release agent; mould release agent GB; mold release agent US; moulding agent GB; molding aid US; lubricant

freier Warenverkehr[1, 20, 33] free movement; free movement of goods

Freiland (Eier)[35] free range; F/range

Freilandhaltung, bäuerliche[36] free range total freedom

frei lebende Huftiere[14] wild ungulates

frei lebendes Wild[14] wild game

Freiname; generische Bezeichnung generic name

frei von ...; ohne ... free from ...

frei von gesättigten Fettsäuren[20] saturated-fat free

Frischeklassen (Fische)[37] freshness categories; freshness ratings

Frischfleisch[14, 15]**; frisches Fleisch** fresh meat

Froschschenkel[14] frog legs

Frühmastente[36] young duck

Fruktose[6] fructose

Fülldosage (Schaumwein)[11] tirage liqueur

Füllgewicht filling weight

Füllhöhe filling height

Füllmenge filling quantity

Füllmengenangabe; Füllmengenbezeichnung capacity marking

Füllmengenbezeichnung siehe Füllmengenangabe

Füllstoff[2, 5] bulking agent; bulking aid; filling agent; filler

Füllvolumen filling volume

funktionelles Lebensmittel functional food; designer food; food for specified health use; nutraceutical; pharmafood

Futtermittel[1] feed; feedstuff; feedingstuff; animal feed

Futtermittelrecht[16] feed law

G

Gammastrahlen (Lebensmittelbestrahlung) gamma rays

garantierte traditionelle Spezialität traditional guaranteed speciality

Gaststätte(10, 22) catering facility

Gattungsbezeichnung(32) generic name

Gebrauchsanweisung instructions for use

gefangen (Fische)(21) caught

Geflügel(14) poultry

Geflügelfleisch(36) poultrymeat

Geflügelschlachtkörper(36) poultry carcase

Geflügelstücke(36) poultry cuts

Gefrieren freezing

Gefrierschiff(14) freezer vessel

gefrostet deep frozen

gefüttert mit ...% ... (Geflügel)(36) fed with ... % of ...

Gegenprobe counter sample; control sample

gegenseitige Anerkennung; wechselseitige Anerkennung mutual recognition; reciprocal recognition

Gehalt content

Gelatine siehe Speisegelatine

Gelee jelly

gelegt am ... (Eier)(35) laid ...

Gelierhilfsmittel siehe Geliermittel

Geliermittel(2, 5)**; Gelierhilfsmittel** gelling agent GB; jellifying agent US; jelling agent US; setting agent; gellant; gelant

Geltungsbereich (einer gesetzlichen Maßnahme) scope

Gemeinsame Marktorganisation common organizations of the market

Gemeinsamer Weinmarkt(11) common market of wine

Gemeinschaftsrecht (der EU) Community law

Gemeinschaftsrecht, sekundäres (der EU) Community secondary legislation

Gemeinschaftsreferenzlaboratorium(16) community reference laboratory

Gemeinschaftsverpflegung, Einrichtung zur(10) institutional caterer

Genauigkeit (von Analyseverfahren)(16) accuracy

generische Bezeichnung siehe Freiname

genetisch, aus ~ verändertem Material ... hergestellt produced from genetically modified ...

genetisch verändert genetically modified; GM

genetisch veränderte Futtermittel[12] genetically modified feed

genetisch veränderte Organismen[12, 23]**; GVOs** genetically modified organisms; GMOs

genetisch verändertes Lebensmittel[12] genetically modified food; GM food

Gentechnik gene technology; genetic engineering

genusstauglich fit for human consumption

Genusstauglichkeitsbescheinigung[22] health certificate

Genusstauglichkeitskennzeichen[14] health mark

Genusstauglichkeitskennzeichnung[14, 15] health mark; health marking

genussuntauglich siehe ungeeignet für den menschlichen Verzehr

Genussuntauglichkeit unfitness for human consumption

Genusswert[10] enjoyment value

geographische Angabe siehe geographische Bezeichnung

geographische Bezeichnung[11, 32, 38]**; geographische Angabe** geographical indication

Gerät siehe Gebrauchsgerät

Gesamtalkoholgehalt[11, 39] total alcoholic strength

Gesamtkakaotrockenmasse[9] dry cocoa solids

Gesamtmigration[19] overall migration

Gesamtmigrationsgrenzwert[19] overall migration limit

gesättigte Fettsäuren, arm an[20] low saturated fat

Geschmacksstoff siehe Aromastoff

Geschmacksverstärker[2]**; Aromaverstärker** flavour enhancer; flavour potentiator; flavor modifier US

geschützte geographische Angabe protected geographical indication

geschützte Herkunftsbezeichnung; geschützte Ursprungsbezeichnung protected designation of origin

geschützte Ursprungsbezeichnung siehe geschützte Herkunftsbezeichnung

Gesetz siehe Gesetzesvorschrift

Gesetz; Gesetzvorschrift act GB; law US

Gesetzesvorlage bill US

Gesetzesvorschrift (allgemein) regulation

gesetzeswidrig; illegal; rechtswidrig illegal

Gesetzgebung legislation

gesetzlich vorgeschrieben legally prescribed; obligatory

gestützt auf ...; auf Grund von ... having regard to ...

Gesundheitsbescheinigung[15] health certificate

gesundheitsbezogene Angaben[20] health claims

gesundheitsbezogene Angaben, implizierte[20] implied health claims

gesundheitsbezogene Aussage health message

gesundheitsbezogene Werbeaussage health claim

gesundheitsbezogene Werbung[10] health-related advertising

Gesundheitsförderung, Hinweise auf[20] health claims

Gesundheitsgefahren[13] health hazards

Gesundheitskost siehe Reformkost

Gesundheitsrisiko health risk

gesundheitsschädlich[1] injurious to health; dangerous; harmful

Gesundheitsschutz[20] health protection

Gesundheitszustand[14] health status

Getränkesteuer beverage tax

Getreidebeikost (Kindernahrung)[24] processed cereal-based foods

Getreidespirituose[29] grain spirit

gewachst waxed

gewerbsmäßig[10] commercially

Gewicht weight

Gewichtsangabe weight marking

Gewichtsanteil (Zutatenliste)[2] proportion by weight

Gewichtsanteilen, in veränderlichen (Zutatenliste) in variable proportion

Gewichtsklasse[34] weight grading; grading by weight

Gewichtsverlust weight loss; loss in weight

gewinnen obtain

Gewinnen; Gewinnung obtaining

Gewinnung siehe Gewinnen

Gewürzmischung[17] mixed spices

gezüchtet (Fische)[21] cultivated

gezuckert sweetened; with added sugars

gezuckerte kondensierte Magermilch[8] siehe gezuckerte Kondensmagermilch

gezuckerte kondensierte Vollmilch siehe gezuckerte Kondensmilch

gezuckerte Kondensmagermilch[8]**; gezuckerte kondensierte Magermilch** sweetened condensed skimmed milk

Glasiermittel siehe Überzugsmittel

Gleichwertigkeit (Analyseverfahren)[16] equivalence

Glucosesirup[6] glucose syrup

Glucosesirup, getrockneter[6] dried glucose syrup

glutenfrei[26] gluten-free

Grenzwert limit

Grieben[14] greaves

groß siehe L

Größenklassen(37) size categories

Großmarkt(14) wholesale market

Großpackung(34) large pack

Großwild(14) large wild game

Grundlebensmittel(4) basic foodstuff

Grundpreis basic price

Grundstoff raw material; basic material

gute Herstellungspraxis; einwandfreie Fabrikationsweise good manufacturing practice; GMP

Güteklasse(34) quality grading; grading by quality

Güteklasse quality grade

gute Laborpraxis good laboratory practice; GLP

gute Verfahrenspraxis(13) good practice

Gütezeichen quality mark; quality label; certification mark US

gut lesbar(14) legible

GVOs siehe genetisch veränderte Organismen

GVOs, hergestellt aus(18) produced from GMOs

H

Hackfleisch[14]**; Faschiertes** minced meat

Hafermastgans[36] oats fed goose

haftbar; verantwortlich liable

Haftung (im gesetzlichen Sinne) liability

halal halal (acceptable for muslims)

Halberzeugnis semi-finished product

halbfett[7] half-fat

halbtrocken (Wein)[38] medium dry

Halbweißzucker[6] semi-white sugar

Hälterung (Muscheln)[14] conditioning

Haltungsart (Geflügel)[35] rearing method

Handelsbezeichnung trade description

Handelsbrauch commercial practice; trade practice

Handelshemmnis[6] barrier to free movement

Handelsklasse grade

haram haram (unacceptable for muslims)

harmonisiert harmonised

harmonisierte Kennzeichnungsvorschriften[12] harmonised labelling requirements

Hasentiere[14] lagomorphs

Hauptsichtfeld einer Fertigpackung principal display panel US

Haushaltsmilchschokolade[9] family milk chocolate

Hausschlachtung home slaughtering

Haustrunk siehe Tresterwein

Hektarertrag (Wein)[11] yield per hectare

Herabstufung (Qualität)[35] regrading

Herkunftsbezeichnung declaration of origin

Herkunftsland; Ursprungsland country of origin

Herstelldatum; Herstellungsdatum; Fabrikationsdatum date of manufacture; manufacturing date; date of production; production date

herstellen[1] produce; manufacture

Herstellen producing; manufacturing

Hersteller producer; manufacturer

Hersteller; Erzeuger; Produzent producer; fabricator; manufacturer; maker

Herstellung[2] manufacture

Herstellungsdatum siehe Herstelldatum

Herstellungsland country of manufacture

Herstellungsrezept siehe Herstellungsvorschrift

Herstellungsvorschrift; Rezept; Rezeptur; Herstellungsrezept formulation; formula US; recipe GB;

hervorgehobe Werbebehauptung most prominent claim US

Hervorhebung von Zutaten emphazizing of ingredients

Hilfsstoff adjuvant

Hilfsstoff; Begleitstoff accessory

Hinterviertel am Stück (Geflügel)[36] unseparated leg quarter

Höchstmenge maximum level

höchstzulässiger Restgehalt[19] maximum permitted quantity of the residual substance

Huftier[14] ungulate

Hygiene hygiene

Hygienestandard sanitary standard; hygiene standard; hygienic standard

Hygienevorschrift[8, 10, 13] hygiene rule; hygiene regulation

I

Identitätskennzeichen[14] identification mark

Identitätskennzeichnung[14] identification marking

illegal siehe gesetzeswidrig

Imitat[10]; **nachgemachtes Lebensmittel** imitation food

Import; Einfuhr import

Importeur importer

Imprägniermittel[22] impregnating agent

in den Verkehr bringen siehe vermarkten

Industrieeier[34] industrial eggs

Inertheit (Verpackungsmaterial)[19] inertness

Information der Öffentlichkeit[22] information of the public

Informationsetikett information label

Inhalt content

Inkraftsetzung (gesetzliche Bestimmung) enforcement

Inkrafttreten[12, 15] entry into force

Innereien siehe Eingeweide

Inspektion[16] inspection

inspizieren; kontrollieren inspect

intelligente Lebensmittelkontakt-Gegenstände[31] intelligent food contact articles

intelligente Lebensmittelkontakt-Materialien[31] intelligent food contact materials

Intensivsüßstoff siehe Süßstoff

Inverkehrbringen[12] placing on the market

Invertflüssigzucker[6] invert sugar solution

Invertzuckersirup[6] invert sugar syrup

Ionenaustauscher[10, 22] ion exchanger

ionisierende Bestrahlung[10] ionizing radiation

ionisierte Strahlen, behandelt mit siehe bestrahlt

irreführen mislead

irreführend deceptive; misleading

irreführende Aufmachung siehe Falschbezeichnung

irreführende Bezeichnung siehe Falschbezeichnung

J

jüdische Speisegesetze; mosaische Speisegesetze kashrut GB; kashruth US

Jungmastgans[36] gosling

Jungwein[11] new wine

K

Käfig (Geflügelhaltung)[35] cage

Kakao[9]**; Kakaopulver** cocoa; cocoa powder

Kakao: ... % mindestens[9] cocoa solids ... % minimum

Kakao, gezuckerter sweetened cocoa

Kakaobutter[9] cocoa butter

Kakaobutteräquivalent[9] cocoa butter equivalent

Kakaopulver siehe Kakao

Kalibrierungslaboratorium[16] calibration laboratory

kalorienarm; brennwertarm low calorie

kalorienvermindert siehe brennwertvermindert

kann bei übermäßigem Verzehr abführend wirken (Polyole) excessive consumption may induce laxative effects

Kapaun[36] capon

Kategorie category (food additives)

Kaubase zur Herstellung von Kaugummi[1, 5, 17]**; Kaumasse** chewing gum base; gum base; masticatory substance

kauen chew

Kauen[10, 22] chewing

Kaugummi chewing gum

Kaumasse siehe Kaubase zur Herstellung von Kaugummi

Kautabak[10] tobacco destined to be chewed

Keimzahl[14] plate count

Kellerabzug siehe Originalabfüllung

Kenntlichmachung[10] identification

kennzeichnen siehe deklarieren

Kennzeichnung labelling

Kennzeichnung siehe Deklaration

Kennzeichnungsmerkmal siehe Kriterium

Kennzeichnungsmethode (Schlachtkörper)[14] method of marking

Kennzeichnungspflicht declaration liability

Kennzeichnungsvorschriften siehe Etikettierungsbestimmungen

Klärhilfsmittel siehe Klärmittel

Klärmittel; Klärhilfsmittel; Schönungsmittel; Flockungsmittel; Fällungsmittel clarifying agent; clarifier; fining agent; precipitant; precipitating agent; flocculating agent; flocculant; flocculent US; clarifying aid; fining

Klasse; Stufe (Qualität, Größe, Gewicht u. a.) grade

Kleinkinder[28] young children

Kleinkindernahrung[4] food for young children

Kleinpackungen[34] small packs

Kleinwild[14] small wild game

Knickeier[14, 34] cracked eggs

Knorpelfische[37] selachii

Kochsalz cooking salt; table salt

kochsalzarm[20] low salt

kochsalzarm, sehr[20] very low salt

Kochsalzersatz salt substitute

kochsalzfrei[20] salt-free

Kollagen[14] collagen

Komplexbildner[5]**; Chelatbildner; Komplexierungsmittel** sequestrant; sequestring agent; complexing agent; chelating agent

Komplexierungsmittel siehe Komplexbildner

kondensierte Magermilch siehe Kondensmagermilch

kondensierte Vollmilch siehe Kondensmilch

Kondensmagermilch[8]**; kondensierte Magermilch** condensed skimmed milk

Kondensmilch[8]**; kondensierte Vollmilch** condensed milk

Kondensmilch, gezuckerte[8]**; gezuckerte kondensierte Vollmilch** sweetened condensed milk

Kondensmilch, gezuckerte teilentrahmt[8]**; gezuckerte teilentrahme Kondensmilch** sweetened milk partly skimmed

Kondensmilch, teilentrahmt[8] condensed partly skimmed milk

Kondensmilch mit hohem Fettgehalt[8] condensed high-fat milk

Konfitüre jam

Konformität; Übereinstimmung conformity

Konformitätsbescheinigung conformity certificate

Konservierungsmittel AT siehe Konservierungsstoff

Konservierungsstoff[2, 5]**; Konservierungsmittel** preservative; antimicrobial agent; antimicrobial preservative; food preservative

Konsumerismus (überkritische Verbrauchereinstellung) siehe Verbraucherschutzbewegung

Kontaminante; Verunreinigung contaminant; incidental additive US; unintentional food additive US

Kontamination; Verunreinigung contamination

Kontrollbanderole[35] check band

kontrollieren siehe inspizieren

Kontrollplan[16] control plan

Kontrollprobe[12] control sample

Kontrollstelle[16] control body

Kontrollsystem siehe Überwachungssystem

Konzession; Erlaubnis; behördliche Genehmigung (Alkoholausschank) licence GB; license US

konzessionieren license

konzessioniert (Alkoholausschank) licenced GB; licensed US

Konzessionsgeber licenser; licensor

Kopffüßler[37] cephalopods

Korinthenbrand (Spirituose)[29] raisin spirit

koscher kosher; kasher

Koscherzertifikat; Koscherzeugnis hechsher; kosher certificate

Koscherzeugnis siehe Koscherzertifikat

Kosmetikum; kosmetisches Mittel cosmetic

krankheitsbezogene Werbung[22] (disease-related advertising)

Kräutermischung[17] mixed herbs

Krebstiere[37] crustaceans

Krisenmanagement[16] crisis management

Kriterium[10]**; Kennzeichnungsmerkmal** criterion

kritische Kontrollpunkte (HACCP-Grundsätze)[13] critical control points (HACCP principles)

Kühlen[10, 22] refrigerating

Kühlkette[13] cold chain

künstlicher Aromastoff artificial flavour; artificial flavouring substance; artificial flavouring agent

künstlicher Farbstoff artificial colour; artificial colouring; artificial colourant

künstlich; nachgemacht artificial

L

L[35]**; groß** L; large (Gewichtsklasse bei Eiern)

lagern siehe aufbewahren

Lagern (Tätigkeit)[10] storing

Lagerung[2] storage

Laktose lactose

laktosefrei free of lactose

Landlungenschnecken[14] terrestrial gastropods

Lebensmittel[1]**; Nahrungsmittel** food; foodstuff

Lebensmittel-, Bedarfsgegenstände- und Futtermittelgesetzbuch; LFGB (German Code on food and feedstuffs)

Lebensmittel, die für eine besondere Ernährung bestimmt sind[26]**; Lebensmittel für besondere medizinische Zwecke;bilanzierte Diät** food(stuffs) for particular nutritional uses; (dietary) foods for special medical purposes

Lebensmittel, für for food use

Lebensmittel, für ~, begrenzte Verwendung for use in food

Lebensmittel, nachgemachtes[10] siehe Imitat

Lebensmittel, tiefgefrorene deep-frozen food; quick-frozen food.

Lebensmittel aus ökologischem Anbau ecologically grown food

Lebensmittelabfälle[13] food waste

Lebensmittelanlage (innerhalb einer anderen Fabrik) food premises

Lebensmittelbestrahlung food irradiation; irradiation

Lebensmittelechtheit food authenticity

Lebensmitteletikett[20] food label

Lebensmittelfarbstoff siehe Farbstoff

Lebensmittel für besondere medizinische Zwecke siehe Lebensmittel, die für eine besondere Ernährung bestimmt sind

lebensmittelgeeignet food grade

Lebensmittelgesetz food law

Lebensmittelgesetzgebung siehe Lebensmittelrecht

Lebensmittelgesetzgebung; Lebensmittelrecht food legislation; food regulations

Lebensmittelgewerbe (im weitesten Sinne) food business

Lebensmittelhygiene[13] hygiene of foodstuffs

Lebensmittel in Fertigpackungen[17] pre-packaged foodstuff

Lebensmittelkennzeichnung food labelling

Lebensmittelkennzeichnungsverordnung; LMKV (food labelling ordinance)

Lebensmittelkette[14] food chain

Lebensmittelkontaminante food contaminant

Lebensmittelkontrolleur food inspector

Lebensmittel-Monitoring food monitoring

Lebensmittelnorm; Norm für Lebensmittel food standard US

Lebensmittel pflanzlichen Ursprungs food of vegetable origin

Lebensmittelprodukt food product

Lebensmittelrecht siehe Lebensmittelgesetzgebung

Lebensmittelrecht[1]**; Lebensmittelgesetzgebung** food law

lebensmittelrechtliche Zulassung[15]**; Zulassung** legal permission; permission; authorization; legal authorization; approval

Lebensmittelrohstoff food source

Lebensmittelsicherheit[1, 13] food safety; food security

Lebensmittel tierischen Ursprungs[14] food of animal origin

Lebensmittelüberwachung food inspection; food surveillance; food supervision

Lebensmittel- und Veterinäramt der EU Food and Veterinary Office; FVO

Lebensmittelunternehmen[12] food business

Lebensmittelunternehmer[12] food business operator

Lebensmittelverfälschung food adulteration

Lebensmittelzusatzstoff; Zusatzstoff food additive; intentional food additive US; additive

Lebensmittelzutat siehe Zutat

legal legal; according to law

Legedatum (Eier)[35] date of laying

leicht[7, 20] light; lite US

leicht entzifferbar[14] easily decipherable

leicht verderblich perishable

Leitlinien[13] guides

Leitsatz guideline; guideline principle

letzter Verkaufstag siehe Verfallsdatum

Letztverbraucher siehe Endverbraucher

LFGB siehe Lebensmittel-, Bedarfsgegenstände- und Futtermittelgesetzbuch

lieblich (Wein)[38] medium sweet

Likör[29] liqueur

Likörwein[11, 38] liqueur wine

Linearität (Analyseverfahren)[16] linearity

LMKV siehe Lebensmitelkennzeichnungsverordnung

Lohnabfüllung[38] contract bottling

Los siehe Posten

loser Verkauf[34] loose sales

lose Ware[27] bulk; bulk goods; non-prepackaged foodstuffs

Los-Kennzeichnung lot labelling

Losumfang lot size

Lösungsmittel solvent

luftdicht verschlossener Behälter[13] hermetically sealed container

Luftkammer (Eier)[35] air space

Luftkühlung[36] air chilling

Luft-Sprüh-Kühlung[36] air-spray chilling

M

M[35]**; mittel (Gewichtsklasse bei Eiern)** M; medium

Magerfische[37] whitefish

Mahlzeit für eine gewichtskontollierende Ernährung meal replacement for weight control

marine Biotoxine[14] marine biotoxins

Marke brand

Marke; Schutzmarke mark

Markenname brand name; proprietary name

Markenprodukt branded food

Markierung marking; coding

Markierung siehe Bezeichnung

Markierungsgene[23] marker gens

Markt market

Marktordnung market regulation

Marktorganisation, gemeinsame für Wein[11] common organisation of the market in wine

Marmelade marmelade

Maß; Maßeinheit measure; measuring unit

Maßeinheit siehe Maß

Masthuhn[36] broiler

Meerwasser, sauberes[13] clean seawater

Mehlbehandlungsmittel[2, 5]**; Mehlverbesserungsmittel** flour treatment agent; flour treating agent; flour improver; flour additive

Mehlverbesserungsmittel siehe Mehlbehandlungsmittel

Mehrwegpackung returnable package

mehrwertiger Alkohol[27] polyol

Melkgeschirr[14] milking equipment

Mengenkennzeichnung quantity declaration

Mengenkennzeichnung von Zutaten siehe QUID

mengenmäßige Angabe von Lebensmittelzutaten siehe QUID

messen[10] measure

Messen[10, 22] measuring

Messsicherheit (Eichung) measurement safety

Messunsicherheit (Analyseverfahren)[16] measurement uncertainty

Migration[19, 20]**; Stoffübergang** migration

Migrationsgrenzwert, spezifischer[19] specific migration limit

Migrationsgrenzwerte[19] migration limits

Mikroorganismenkulturen[10] cultures of microorganisms; starter cultures

Milch, eingedickte[8] partly dehydrated milk

Milch, gezuckert, teilentrahmt, kondensiert siehe gezuckerte teilentrahmte Kondensmilch

Milchersatzprodukt siehe Milchimintat

Milcherzeugnisse[14] dairy products

Milcherzeugungsbetrieb[14] milk production holding

Milchgesetzgebung dairy legislation

Milchhygiene milk hygiene

Milchimitat; Milchersatzprodukt dairy imitate

Milchpulver[8] siehe Trockenmilch

Milchstreichfett ... v. H.[7] dairy spread ...%

Milchtrockenmasse[9] dry milk solids

mindestens ...% ...% minimum

mindestens haltbar bis ... best before ...; use before ... US

Mindesthaltbarkeitsdatum[2, 17] date of minimum durability

Mindestmenge minimum quantity

Mineralstoff[2] mineral

mineralstoffangereichert[20] enriched in minerals

Mineralstoffgehalt, hoher[20] high minerals

Mineralstoffquelle, natürliche[20] natural source of minerals

Mineralwasser mineral water

Mineralwasser, kohlensäurehaltiges carbonated mineral water

Mineralwasser, natürliches natural mineral water

Mineralwasser, natürliches, mit eigener Quellkohlensäure versetzt natural mineral water fortified with gas from the spring

Mischstreichfett .. .v. H.[7] blended spread ... %

Mischung gefüllter Pralinen[9] assorted filled chocolate

Mischung von gefüllter Schokolade[9] assorted filled chocolate

Mißbrauch abuse

mit ...-Zusatz with ... added

Mitwirkungspflicht obligation of cooperation

modifizierte Stärke[2, 5] modified starch

Monitoring[15] Monitoring

mosaische Speisegesetze siehe jüdische Speisegesetze

Mulardente[36] mulard duck

Muscheln, lebende[14] live bivalve molluscs

Muster siehe Warenmuster

Musterbescheinigung[16] model certificate

Mykotoxin mycotoxin

N

nachgemacht; falsch imitated

nachgemachtes Lebensmittel siehe Imitat

nachmachen[10] imitate

Nachwein siehe Tresterwein

nachweisbar, nicht[19] not detectable

Nachweisgrenze[16] limit of detection

Nährstoff siehe Stoff zu Ernährungszwecken

Nährstoffgehalt, Angaben zum[20] nutrient content claims

Nährstoffkennzeichnung siehe Nährwertkennzeichnung

Nährstoffwirkungsangabe[20] nutrient function claim

Nährstoffzusatz nutrient supplement; nutritional additive

Nahrungsergänzungsmittel food supplement

Nahrungsmittel siehe Lebensmittel

Nährwert[10, 22] nutritional value

Nährwert, durchschnittlicher pro 100 g typical nutritional value per 100 g

Nährwertangaben nutrient information

nährwertbezogene Angabe[20]; **nährwertbezogene Behauptung** nutrition claim; nutrient claim

Nährwertkennzeichnung[8, 20, 27]; **Nährstoffkennzeichnung** nutrition information; nutritional labelling GB; nutrition labeling US; nutritional labeling US

Nährwertprofil[20] nutritional profile

Nämlichkeitskontrolle[16] identity check

natriumarm[20, 26] low-sodium

natriumfrei[20] sodium-free

natürlicher Aromastoff natural flavour; natural flavouring substance; natural flavouring agent

naturidentisch nature-identical

naturidentischer Aromastoff nature-identical flavour; nature-identical flavouring substance; nature-identical flavouring agent

natürliche Herkunft[22] natural origin

Nebenerzeugnisse der Weinbereitung[11] by-products of wine-making

Nebenprodukte der Schlachtung[14]; **Schlachtnebenprodukte** offal

Nettogewicht net weight

Nettomenge[2] net quantity

neuartige Lebensmittelzutat[23] novel food ingredient

neuartiges Lebensmittel[23] novel food

nicht zum Verzehr bestimmt non-consumable

Norm für die Zusammensetzung (eines Lebensmittels) compositional standard

Norm siehe Regel

Norm; Standard norm; standard

Norm für Lebensmittel siehe Lebensmittelnorm

Notfallplan[16] contingency plan

Notifizierung notification

Notifizierungsverfahren[20] noticifation procedure

Notschlachtung[14] emergency slaughter

O

Oberflächenbehandlungsmittel surface treatment agent

Oberschenkel (Geflügel)[36] thigh

Obstbrand[29] fruit spirit

Obstspiritiuose[29] fruit spirit drink

öffentliche Gesundheit[13, 16] public health

ohne ... siehe frei von ...

ohne Fett siehe fettfrei

ohne Zuckerzusatz[3, 20] with no added sugar

ökologisch[33]**; biologisch** organic; ecological

ökologische Landwirtschaft[33]**; ökologischer Landbau** organic farming; organic production

ökologischer Landbau siehe ökologische Landwirtschaft

Öle, raffinierte[17] refined oils

önologische Behandlungen[11] oenological processes

önologische Verfahren[11] oenological practices

Ordnungswidrigkeit administrative offence

Originalabfüllung; Erzeugerabfüllung; Kellerabzug bottled at the winery; estate bottled; bottled by the producer

P

Packmaterial siehe Verpackungsmittel

Packstelle (Eier)[14, 34] packing centre

Packung[10] pack; package; packaging; box

Packungsaufschrift siehe Etikett

Packungsdeklaration label declaration

panschen (Wein) adulterate

Panschen (Wein) adulteration

Parasit, sichtbarer (Fische)[37] visible parasite

Parasitenbefall[15] parasitic infestation

Partie siehe Sendung

Partie siehe Ansatz

Perlhuhn[36] guinea fowl

Perlwein[11, 38] semi-sparkling wine

Perlwein mit zugesetzter Kohlensäure[38] aerated semi-sparkling wine

Personalhygiene[13, 14]**; persönliche Hygiene** staff hygiene

persönliche Hygiene siehe Personalhygiene

Pestizid; Schädlingsbekämpfungsmittel pesticide; pest control agent

Pfand deposit

Pflanzen (Tätigkeit bei Weinreben)[11] planting

Pflanzenschutzmittel[10] plant protectant; crop protecting agent

pflanzliches nicht-Kakaofett (Fremdfett) non-cacao vegetable fat

Pflanzungsrecht[11] planting right

Pflegemittel[22] care agent

Pflichtpfand obligatory deposit

Phantasiebezeichnung made-up name; invented name; coined trademark US

Phenylalaninquelle[3] source of phenylalanine

Portionspackung portion packaging

Positivliste (Zusatzstoffe) positive list

Posten; Los; Charge lot; parcel

Praktikabilität[12] practicability

Praline[9] chocolate

Pralinenmischung[9] assorted chocolate

Preisangabe price; price information

Preisauszeichnung price marking; pricing

Preisschildchen; Anhängeetikett tag; ticket

Primärerzeugnis[13] primary product

Primärproduktion[13] primary poduction

Primärrauchkondensat[30] primary smoke condensate

Primärrecht (der EU) primary legislation

Primärteerfraktion[30] primary tar fraction

Probenahme[10, 16] sampling

probiotische Bakterien[20] probiotic bacteria

Produkthaftung product liability

Produktion siehe Erzeugung

Produktsicherheit product safety

Produktspezifikation product specification

produkt- und prozeß- spezifische Risikoanalyse (gezielte Qualitätskontrolle von Lebensmitteln) HACCP; hazard analysis and critical control points

Produzent siehe Hersteller

Produzentenhaftung manufacturer's liability

Proteingehalt, hoher[20] high protein

Proteinquelle[20] source of protein

Prüflabor test laboratory

Prüflaboratorium control laboratory

Prüfungsnummer, amtliche official verification number

Q

Qualität, von besonderer siehe fein

Qualitätskontrolle von Lebensmitteln food control

Qualitätslenkung quality control

Qualitätslikörwein bestimmter Anbaugebiete[11] quality liqueur wine produced in specific regions

Qualitätsmanagement quality management

Qualitätsnorm quality standard

Qualitätsperlwein bestimmter Anbaugebiete[11] quality semi-sparkling wine produced in specific regions

Qualitätsschaumwein bestimmter Anbaugebiete[11] quality sparkling wine produced in specific regions

Qualitätssicherung quality protection

Qualitätswein bestimmter Anbaugebiete[11, 35]**; QbA-Wein** quality wine produced in specific regions; quality wine psr (oder PSR)

quantum satis (die zur Erreichung einer bestimmten Wirkung gerade ausreichende Menge eines Zusatzstoffes) quantum satis

QUID; Mengenkennzeichnung von Zutaten; quantitative Zutatenkennzeichnung QUID; quantitive ingredient declaration

R

Raffinade siehe Zucker, raffinierter

Rahmenrichtlinie (für Zusatzstoffe in der EU) framework directive

Raucharoma (als Zusatz) smoke flavour; smoke flavouring

Raucharomen(30) smoke flavourings

Räumlichkeit siehe Anlage

Reaktionsaroma reaction flavouring

Rebpflanzung(11) planting of vines

Rebsorte(11, 38) vine variety

Rechtsposition; Rechtsstellung (Zusatzstoff) legal status

Rechtsstellung siehe Rechtsposition

Rechtsverordnung; Verordnung; Verfügung; Erlass order; ordinance; statutory instrument GB; statutory order

rechtswidrig siehe gesetzeswidrig

reduzierter Gehalt an ... reduced in ...

Referenzmethode reference method

Reformkost; Gesundheitskost health food; organic food; natural food

Regel(9)**; Richtlinie; Rechtsregel; Norm; Vorschrift** rule

registrieren(10) register

Registrierung siehe Eintragung

reich an ... rich in ...

Reinheitsanforderungen(2, 10) puritiy criteria; purity requirements

Reinheitsgebot (Bier) purity decree; purity law

Reinigungsmittel siehe Detergentien

Reinigungszentrum (für lebende Muscheln)(14) purification centre

rekonstituiertes Erzeugnis reconstituted product

rektifiziertes Traubenmostkonzentrat rectified grape must concentrate

religiöse Speisevorschriften; religiöse Speisegesetze religious dietary laws

Reproduzierbarkeit (Analysevefahren)(16) reproducibility

Rezept siehe Herstellungsvorschrift

Rezeptur siehe Herstellungsvorschrift

Richtlinie siehe Regel

Richtlinie (der Europäischen Union, die von den Mitgliedstaaten in nationales Lebensmittelrecht umzusetzen ist) directive; council directive

Richtlinie, horizontale horizontal directive

Richtlinie, vertikale vertical directive

Richtwert guideline

Rieselhilfe siehe Trennmittel

Rinderwahnsinn siehe BSE

Risiko risk

Risikoanalyse risk analysis

Risikobewertung risk assessment

Risikokommunikation risk communication

Risikomanagement risk management

Risikomaterial[(15)] risk material

Roden (Reben)[(11)] grubbing-up

Rohmilch[(14)] raw milk

Rohstoff (zur Lebensmittelherstellung) foodstuff

Rohtabak[(10)] raw tobacco

Rotz (Tierkrankheit)[(15)] glanders

Rückruf recall

Rückstand (von Kontaminanten u. a.) residue

Rückstandsbelastung residual contamination

Rückstandskontrollplan residual control plan

Rückstandsuntersuchung residue analysis

Rückverfolgbarkeit[(12, 18)] traceability

S

S[35]**; klein (Gewichtsklasse von Eiern)** S; small

Sachkenner; Sachverständiger expert

Sachkunde specific knowledge; expertise

Salzsteuer salt tax

Sammelpackung multipack; multi-unit pack; collation pack

Sammelstelle (Eier)[34] collector

Säuerung[11] acidification

Säuerungsmittel[2, 5] acid; acidifier; acidulant US

Säuglinge[28] infants

Säuglingsanfangsnahrung[24, 28] infant formulae

Säuglingsnahrung[4] food for infants

Säureregulator[2, 5] acidity regulator GB; pH control agent US; pH modification agent US

schächten kosher butchering

Schädlingsbekämpfungsmittel siehe Pestizid

Schadstoff pollutant

Schale nicht zum Verzehr geeignet skin not suitable for consumption

Schankgesetze; Alkoholgesetze licencing laws GB; excise laws US

Schaummittel[2, 5]**; Verschäumungsmittel; Aufschlagmittel** foaming agent; aerating agent; whipping agent

Schaumstabilisator[2]**; Schaumstabilisierungsmittel** foam stabilizer; foam strengthening agent; foam improver

Schaumstabilisierungsmittel siehe Schaumstabilisator

Schaumverhüter[2, 5]**; Schaumverhütungsmittel; Entschäumer** antifoaming agent; defoamer; foam control agent; foam retarding agent; antifoam agent US

Schaumverhütungsmittel siehe Schaumverhüter

Schaumwein[11, 38] sparkling wine

Schaumwein mit zugesetzter Kohlensäure[38] aerated sparkling wine

Scherzartikel[10] fun item

Schlachtanlage[14] slaughter premise

Schlachthof[14, 36] slaughterhouse

Schlachthofbetreiber[14] slaughterhouse operator

Schlachthygiene[14] slaughter hygiene

Schlachtkörper[14] carcase

Schlachtnebenprodukte siehe Nebenprodukte der Schlachtung

Schlachttieruntersuchung(15) ante-mortem inspection

Schmelzsalz(2, 5) emulsifying salt

Schnecken(14) snails

Schnellwarnmeldung alert notification

Schnellwarnsystem rapid warning system; alert notification system

Schnellwarnsystem für Lebensmittel und Futtermittel; RASFF rapid alert system for food and feed

Schnupftabak(10) tobacco destined to be snuffed

Schokolade(9) chocolate

Schokolademischung(9) assorted chocolate

Schokolade mit ...füllung(9) chocolate with ...filling; chocolate with ...centre

Schokoladenkuvertüre(9) chocolate couverture

Schokoladenpulver(9) powdered chocolate; chocolate in powder

Schönungsmittel siehe Klärmittel

Schutz der Gesundheit; Gesundheitsschutz health protection; protection of health

Schutzatmosphäre, verpackt unter packaged in a protective atmosphere

Schutzgas siehe Verpackungsgas

Schutzmarke siehe Marke

Schutz von geographischen Angaben(32) protection of geographical indications

Schutz von Ursprungsbezeichnungen(32) protection of designation of origin

Schwellenwert(12) threshold

Schwellenwert für schädliche Wirkungen (Lebensmittelzusatzstoffe) no observed adverse level; NOAL

Selbstverständlichkeit (Werbung für Lebensmittel) self-evidence

Selektivität (Analyseverfahren)(16) selectivity

Sendung; Partie consignment

Separatorenfleisch(14) mechanically separated meat; MSM

sich absetzend precipitant

Sicherheitsdatenblatt safety data sheet

Sicherheitsfaktor safety factor

Sicherstellung siehe Beschlagnahme

Sichtfeld; Blickfeld (Lebensmitteletikett) field of vision

Signalwert (Schadstoffe) signal value

sofortiger Verzehr siehe unmittelbarer Verzehr

Sorgfaltspflicht duty of care

Speisegelatine(14)**; Gelatine** gelatine

Speisegesetz dietary law

Spezifikation(19) specification

spezifischer Erkennungsmarker (genetisch veränderte Organismen)[18] unique identifier

Spielwaren[10] toys

Spirituosen[29] spirit drinks

spongiforme Rinder-Enzephalopathie siehe BSE

Spurenelement[2] trace element

Stabilisator[2, 5]**; Stabilisierungsmittel** stabilizer; stabilizing agent

Stabilisierungsmittel siehe Stabilisator

Stachelhäuter[14] echinoderms

Standard siehe Norm

Staubverhütungsmittel antidusting agent; dust control agent; anticrumbing agent

Stellungnahme[12] opinion

stempeln stamp

Stempeln siehe Bedrucken

Steuer; Abgabe tax

Steuerbanderole tax seal; revenue seal

Stichprobe[36] check

Stichprobenprüfung (Eichrecht) spot check inspection

Stoff mit pharmakologischer Wirkung[10] pharmacologically active substance

Stoffübergang siehe Migration

Stoff zu Ernährungszwecken[2, 20]**; Nährstoff** nutrient

Straftat[10] criminal offence

Streckmittel siehe Verfälschungsmittel

Streichfett[7] spreadable fat

Streichfett ... v. H.[7] fat spread ...%

Strichcode; EAN-Code bar code

Stubenküken[36] poussin

Stufe siehe Klasse

Subsidiarität[6] subsidiarity

Subsidiaritätsprinzip subsidiarity principle

Suppenhuhn[36] cock hen; casserole; boiling fowl

Süßstoff[2]**; Intensivsüßstoff** intense sweetener; high intensity sweetener; artificial sweetener; high potency sweetener

Süßungsmittel sweetener; sweetening agent

süß (Wein)[38] sweet

Süßung[39] sweetening

Süßungsmittel siehe Süßmittel

Süßwassertiere[14] freshwater animals

System der positiven Listen (Zusatzstoffe) positive-list system

T

Tabakerzeugnisse tobacco products

täuschen deceive

täuschend deceptive

Täuschung[10] deception

Tafelsüße siehe Tafelsüßstoff

Tafelsüßstoff auf der Basis von ...[3] ... based table-top sweetener

Tafelsüßstoff[3]; **Tafelsüße** table-top sweetener

Tafelwein[11] table wine

Tauchkühlung[36] immersion chilling

technische Notwendigkeit technologial need

technischer Hilfsstoff siehe Verarbeitungshilfsstoff

technisch notwendig (Zusatzstoff) technologically essential (additive)

technisch unvermeidbar[10, 22] technically unavoidable

technologische Gründe technological reasons

technologische Wirksamkeit; technologische Wirkung technological effect

technologische Wirkung siehe technologische Wirksamkeit

Teiglockerungsmittel siehe Backtriebmittel

Tiefgefrieren[22] deep freezing; quick freezing

tiefgefroren deep frozen; quick frozen

tierärztliche Lebensmittelüberwachung veterinary supervision

Tiergesundheit[16] animal health

Tierschutz[14, 16] animal welfare; animal welfare requirements

Tierseuchengesetz (animal diseases law)

traditionell[7] traditional

traditionelle Begriffe (Wein)[38] traditional terms

Trägerlösungsmittel[2] carrier solvent

Trägerstoff[2, 5] carrier substance; carrier

Transfer genetischen Materials[23] transfer of genetic material

transgen transgen

transmissible spongiforme Enzephalopathien[15] transmissible spongiform encephalopathies

Transportbehälter transport container

Transportverpackung transport packaging

Trauben, als Keltertrauben eingestufte[10] grapes not classified solely as wine-grapes

Traubenmost, mit Alkohol stummgemachter(11) grape must with fermentation arrested by the addition of alcohol

Traubenmost, nicht karamelisierter(11) uncaramelised grape must

Traubenmost, teilweise gegorener(11, 38) grape must in fermentation

Traubenmostkonzentrat, rektifiziertes(11) rectified concentrated grape must

Traubensaft(11) grape juice

Traubentrester siehe Tresterbrand

Traubenzucker, kristallwasserfrei(6) anhydrous dextrose

Traubenzucker, kristallwasserhaltig(6) dextrose monohydrate

Treibgas(2, 5, 10) propellent; propellant gas

Trennmittel siehe Formtrennmittel

Trennmittel(2, 5)**; Antibackmittel; Antiklumpungsmittel; Rieselhilfe (Mittel zur Erhaltung der Rieselfähigkeit)** anticaking agent; antibaking agent; antiagglomerant; free-flowing agent

Trester siehe Tresterbrand

Tresterbrand(11, 29)**; Trester; Traubentrester** grape marc spirit; grape marc; wine marc

Tresterwein; Haustrunk; Nachwein marc wine; pomace wine

Trichinose(15) trichinosis

Triebmittel siehe Backtriebmittel

Trinkalkohol(11) potable alcohol

Trinkalkoholsektor(11) potable alcohol sector

trinken drink

Trinken(10, 22) drinking

Trinkschokolade drinking chocolate

Trinkwasser, Stoffe zur Behandlung von(5) substances for treatment of drinking water

trocken (Wein)(38) dry

Trockenmilch(8)**; Milchpulver** totally dehydrated milk

Trubstabilisator; Trübungsmittel clouding agent

Trübungsmittel siehe Trubstabilisator

Tuberkulose(15) tuberculosis

U

Übereinkommen
über die Anwendung gesundheitspolitischer und pflanzenschutzrechtlicher Maßnahmen agreement on the application of sanitary and phytosanitary measures; SPS agreement

Übereinstimmung siehe Komformität

Übergangsbestimmung siehe Übergangsregelung

Übergangsbestimmungen(15); **Übergangsregelungen** transitional measures; transitional provisions

Übergangsfrist transitional period

Übergangsregelungen siehe Übergangsbestimmungen

Übergang von Stoffen siehe Migration

Überprüfung(16) audit; monitoring

Übertretung siehe Zuwiderhandlung

Überwachung(12; 16) surveillance; supervison; monitoring

Überwachungssystem(3); **Kontrollsystem** monitoring system

Überzug(10) coating

Überzugsmittel(2, 5); **Glasiermittel** glazing agent

ultraviolette Bestrahlung (10) ultraviolet radiation

Umfüllen(10, 22) transferring

Umhüllung(10, 13) wrapping material; wrapping

Umkehrdiskriminierung reversal discrimination

Umpacken(35) repackaging

Umschließungen(10) envelopes

Umsetzen (Verlagerung lebender Muscheln)(14) relaying

Umsetzung (einer Richtlinie in nationales Recht) implementation

Umsetzungsgebiet (von lebenden Muscheln)(14) relaying area

Umveredlung (Weinreben)(11) grafting-on; surgreffage

Umverpackung external packaging

Umwandlungsprodukt reaction product

Umweltkontaminanten environmental contaminants

Umweltverträglichkeitsprüfung(12) evaluation of the environmental risk; environmental risk assessment

Unbedenklichkeit safety; safeness; harmlessness

unbehandeltes Lebensmittel(1, 4, 5) unprocessed food

unbeschadet[15, 17, 19]**; ungeachtet (anderer Vorschriften)** notwithstanding; without prejudice to ...

unecht siehe falsch

ungeachtet (anderer Vorschriften) siehe unbeschadet

ungeeignet für den menschlichen Verzehr[1, 15]**; genussuntauglich** unfit for human consumption

ungenießbar machen siehe denaturieren

unmittelbarer Verzehr; sofortiger Verzehr; Verzehr an Ort und Stelle immediate consumption

unrichtig siehe falsch

unter der Norm siehe zweite Wahl

untersagen siehe verbieten

Unterschenkel (Geflügel)[36] drumstick

unverarbeitetes Erzeugnis[13] unprocessed product

unverarbeitetes Lebensmittel[13] unprocessed food

Unverfälschtheit siehe Authentizität

unverwischbar (Etikettenangaben)[14, 27] indelible

unwahr siehe falsch

Ursprungsbezeichnung[32] designation of origin

Ursprungsland siehe Herkunftsland

V

verantwortlich siehe haftbar

verarbeiten process

Verarbeitung(1, 2, 13) processing

Verarbeitungserzeugnisse(13, 14) processed products

Verarbeitungshilfe siehe Verarbeitungshilfsstoff

Verarbeitungshilfsstoff(2, 22); **technischer Hilfsstoff** processing aid; technical aid

Verarbeitungsnorm processing standard

verbieten; untersagen prohibit

Verbot prohibition; ban

Verbotsverfügung prohibition order

verbrauchen bis ...(17) use by ...

Verbraucher(1, 10) consumer

Verbraucherbetrug; Betrug am Verbraucher consumer fraud

Verbrauchererwartung(7) consumer expectations; expectations of consumers

Verbrauchergruppe consumer group

Verbraucherinformation information of the consumer

Verbraucherschutz(20) consumer protection

Verbraucherschutzbewegung; Konsumerismus (überkritische Verbrauchereinstellung) consumerism

Verbrauchsdatum (letzter Verkaufstag)(17) use-by date

verbringen transport

Verbringen (Einfuhr in ein Zolllager o. ä.)(16) introduction

Verbringungsverbot(10, 22) ban on the importartation

verdächtig; unter Verdacht stehend suspected

Verderb siehe Wertminderung

Verdickungsmittel; Dickungsmittel; Bindemittel thickening agent; thickener; binding agent; binder

Verfallsdatum(17)**; letzter Verkaufstag; Verbrauchsdatum** pull date; use-by-date

verfälschen adulterate

verfälschend adulterant

Verfälschung(1) adulteration; falsification

Verfälschungsmittel; Streckmittel adulterant

Verfügung siehe Rechtsverordnung

vergällen siehe denaturieren

Verhältnismäßigkeit(6) proportionality

Verifizierung(16) verification

Verkauf an der Tür(34) door-by-door selling

Verkauf bis ...(35) sell by ...

Verkäufer(38) vendor

Verkaufsdatum, empfohlenes(35) recommended sell-by date

Verkaufsverpackung sales packaging

Verkehrsauffassung(22) view

Verkehrsauffassung, allgemeine general view

Verkehrsbezeichnung(7, 9) sales name; sales description

Verkehrsbezeichnung generic name

Verkehrsverbot sales prohbition

Verlängerung einer Zulassung siehe Erneuerung einer Zulassung

vermarkten(10)**; in den Verkehr bringen** market

Vermarktung(33)**; Abgabe an den Verbraucher** marketing

Vermarktungsnorm(7, 34) marketing standard; marketing regulation

Verordnung siehe Rechtsverordnung

Verordnung (der Europäischen Union, die automatisch in jedem Mitgliedstaat gilt) regulation; council regulation

Verpacken siehe Verpackung

verpackt am ...(35) packaging date ...; packed ...

Verpackungsdatum(35) packing date

Verpackungsgas(2, 5)**; Schutzgas** packaging gas; packing gas; protective gas

Verpackungsmittel; Packmaterial packaging material; packing material

Verpackung(2, 10, 13, 22)**; Verpacken; Abpacken (Tätigkeit)** packaging

Versanddosage (Schaumwein)(11) expedition liqueur

Versandzentrum (lebende Muscheln)(14) dispatch centre

Verschäumungsmittel siehe Schaummittel

verständlich (Packungsaufschrift) intelligible

Verständlichkeit (Packungsaufschrift) intelligibility

Verstoß (gegen eine Vorschrift)(16) non-compliance

Verträglichkeitsbewertung(23) assessment of wholesomeness

Verunreinigung siehe Kontamination

Verunreinigung (Stoff) siehe Kontaminante

Verwaltungsmaßnahme(12) measure

Verwaltungsvorschrift (administration order)

Verwendung in Lebensmitteln(2) use in food

Verwendungshöchstmenge(3) maximum usable dose

Verzehr(10, 22) consumption

Verzehr an Ort und Stelle siehe unmittelbarer Verzehr

Verzehr, zum ~ bestimmt intended for human consumption

verzehren(22) consume

Verzeichnis der Zutaten siehe Zutatenliste

Veterinärkontrolle veterinary surveillance

Vitamin(2) vitamin

vitaminangereichert(20) enriched in vitamins; fortified in vitamins

Vitamingehalt, hoher(20) high vitamin

Vitaminierung vitaminisation

Vitaminquelle, natürliche(28) natural source of vitamins

Vogelgrippe; aviäre Influenza avian influenza; avian flu

vollfleischig (Geflügel)(36) plump

Vollmilchpulver(8) whole milk powder

Volumenangabe volume marking

vorbehaltene Bezeichnung reserved description

vorgeschrieben prescribed

vorgeschriebene Brennwertangabe prescribed energy statement

vorhandener Alkoholgehalt siehe Alkoholgehalt, vorhandener

vorhersehbar foreseeable

Vormischung premix

vorrätig halten(10) keep in stock

Vorrätighalten(10) keeping in stock

Vorschrift siehe Regel

Vorsorge treffen (dass eine Bestimmung eingehalten wird) make provision

vorverpackt(17) prepackaged

vorverpacktes Lebensmittel(12) prepacked food

W

wahlfrei (Zusatzstoff) optional

Warenklasse; Warenqualität brand

Warenmuster; Warenprobe; Muster sample; specimen

Warenprobe siehe Warenmuster

Warenqualität siehe Warenklasse

Warenstandard standard of identity US

Warenuntersuchung(1) physical check

Warnhinweis(3) warning; warning label

Warnruf warning call

Warnwert (Schadstoffe) warning level

Wartezeit waiting period

Wasserversorgung(13) water supply

wechselseitige Anerkennung siehe gegenseitige Anerkennung

Wein, aromatisierter(39) aromatised wine

Wein, bitterer aromatisierter(39) bitter aromatised wine

Wein, zur Gewinnung von Tafelwein geeigneter(11) wine suitable for yielding table wine

weinähnliches Getränk (fermented juices other than grape juice)

Wein aus überreifen Trauben(38) wine of overripe grapes

Weinbauerzeugnisse(38) wine sector products

Weinbauzone(11) wine-growing zone

Weinbrand(29) brandy

Weingesetz wine law

weinhaltiges Getränk wine-based drink

weinhaltiges Getränk, aromatisiertes(39) aromatised wine-based drink

Weinmarktordnung market regulation for wine

Weinrecht wine legislation

Weintrub(11) wine lees

Weißzucker(6) white sugar

Weißzucker, raffinierter siehe Zucker, raffinierter

Welthandelsorganisation World Trade Organisation; WTO

Werbeanzeige siehe Werbung

Werbebehauptung claim

Werbeverbot(10) ban of advertising

Werbung; Werbeanzeige advertisement

Wermut(39)**; Wermutwein** vermouth

Wermutwein siehe Wermut

wertgemindert deteriorated

Wertminderung; Verderb deterioration; decay

wesentliche Gleichwertigkeit (genetisch modifizierte Organismen)[23] substantial equivalence

Widerruf (einer gesetzlichen Maßnahme)[12] revocation

Wiederbepflanzungsrecht (Weinreben) raplanting right

Wiederfindungsrate (Analyseverfahren)[16] recovery

Wiederholbarkeit (Analyseverfahen)[16] repeatability

wiegen[10] weigh

Wiegen[10, 22] weighing

Wildpret[14] hunted wild game

Wildverarbeitungsbetrieb[14] game-handling establishment

Wissenschaftlicher Lebensmittelausschuß Scienific Committee for food

WTO siehe World Trade Organisation

Würzzubereitung seasoning preparation

X

XL[35]; sehr groß (Gewichtsklasse von Eiern) XL; very large

Z

Zellglasfolie cellulose film; cellophan film

Zerlegungsbetrieb (Schlachthof)[14] cutting plant

Zertifikat certificate

Zertifizierung certification

Ziel (einer gesetzlichen Maßnahme) objective

Zielwert der Lebensmittelsicherheit food safety objective; FSO

Zollager bonded store; bond warehouse; bonded warehouse

Zolltarifregelung[11] customs duty system

Zollverschluß bond

Zubereiten[2]**; Zubereitung (Tätigkeit)** preparation; preparing

zubereiten; bearbeiten prepare

Zubereitung siehe Zubereiten

Zucker, raffinierter[6]**; raffinierter Weißzucker; Raffinade** extra-white sugar

Zuckerarten sugars

Zuckeraustauschstoff nutritive sweetener; bulk sweetener

zuckerfrei[20] sugars-free

Zuckerzusatz, ohne siehe ohne Zuckerzusatz

Zufuhr von Stoffen in den Magen[10] introducing substances into the stomach

zulassen (Lebensmittelrecht) approve

Zulassung siehe lebensmittelrechtliche Zulassung

Zulassungsbedingungen[35] requirements for approval

Zulassungsnummer[14] approval number

Zulassungsverfahren[12] approval procedure; authorisation procedure

Zurichten (Schlachtfleisch)[14] dressing

zurückholen siehe zurückrufen

zurückrufen; zurückholen recall

Zusammenfassung (mehrerer Einzelverordnungen) consolidation

zusammengesetztes Lebensmittel[4, 5] compound foodstufff

zusammengesetzte Zutat compound ingredient

Zusatzstoff siehe Lebensmittelzusatzstoff

Zuschlagstoff (ohne eigene Funktion) adjunct

zusetzen add

zuständige Behörde[16] competent authority

Zuständigkeit[15] responsibility

Zutat; Lebensmittelzutat ingredient; food ingredient

Zutat, charakteristische characteristic ingredient

Zutaten, Klasse von[17] category of ingredients

Zutatenkennzeichnung ingredient listing

Zutatenliste[17]**; Zutatenverzeichnis; Verzeichnis der Zutaten** list of ingredients; ingredient list; ingredients statement US

Zuwiderhandlung; Übertretung contravention

zweite Wahl; unter der Norm substandard US; substandard quality US

Zweitprobe secondary sample

Lebensmittelwirtschaft - sprachlich perfekt!

Hier kommt Ihre unentbehrliche **Arbeitshilfe** für die fremdsprachige **Fachliteratur der Lebensmittelwirtschaft.** Lesen und verstehen! Dies ist das am meisten genutzte Fachwörterbuch der Lebensmittelwirtschaft aus dem Behr's Verlag.

Der neue „Große Lück"

Die stark erweiterte 4. Neuauflage beinhaltet jetzt weit mehr als 50.000 Stichwörter und ca. 70.000 Übersetzungen. Ein weltweit einzigartiges Fachwörterbuch, mit dem Sie alle Aspekte des Lebensmittelwesens - von den Rohstoffen bis hin zum Verzehr und zur Ernährung - abdecken. Eine unerlässliche Hilfe beim Lesen und Schreiben von Fachliteratur.

Comprehensive Dictionary of Food

Großwörterbuch des Lebensmittelwesens Englisch-Deutsch

Autor: *E. Lück*

4. Auflage 2002, DIN A5, HC, 766 Seiten

ISBN 3-86022-936-2

€ 139,50 zzgl. MwSt.

Unsere aktuellen Angebote bestellen Sie per

Telefon: 040 - 227 008-0 **Telefax: 040 - 220 10 91**

e-mail: info@behrs.de **Internet: www.behrs.de**

BEHR'S... bringt die Praxis auf den Punkt.

Indexzahlen

(1) Verordnung (EG) Nr. 178/2002 des Europäischen Parlaments und des Rates vom 28. Januar 2002 zur Festlegung der allgemeinen Grundsätze und Anforderungen des Lebensmittelrechts, zur Errichtung der Europäischen Behörde für Lebensmittelsicherheit und zur Festlegung von Verfahren zur Lebensmittelsicherheit (EU-Basisverordnung), geändert durch die Verordnung (EG) Nr. 1642/ 2003 vom 22. Juli 2003.

Regulation (EC) No 178/2002 of the European Parliament and of the Council of 28 January 2002 laying down the general principles and requirements of food law, establishing the European Food Safety Authority and laying down procedures in matters of food safety.

(2) Richtlinie 89/107/EWG des Rates vom 21. Dezember 1988 zur Angleichung der Rechtsvorschriften der Mitgliedstaaten über Zusatzstoffe, die in Lebensmitteln verwendet werden dürfen.

Directive 89/107/EEC of the Council of 21 December 1988 on the approximation of the laws of the Member States concerning food additives authorized for use in foodstuffs intended for human consumption.

(3) Richtlinie 94/35/EG des Europäischen Parlaments und des Rates vom 30. Juni 1994 über Süßungsmittel, die in Lebensmitteln verwendet werden dürfen.

Directive 94/35/EC of the European Parliament and the Council of 30 June 1994 on sweeteners for use in foodstuffs.

(4) Richtlinie 94/36/EG des Europäischen Parlaments und des Rates vom 30. Juni 1994 über Farbstoffe, die in Lebensmitteln verwendet werden dürfen.

Directive 94/36/EC of the European Parliament and the Council of 30 June 1994 on colours for use in foodstuffs.

(5) Richtlinie 95/2/EG des Europäischen Parlaments und des Rates vom 20. Februar 1995 über andere Lebensmittelzusatzstoffe als Farbstoffe und Süßungsmittel.

Directive 95/2/EC of the European Parliament and the Council of 20 February 1995 on food additives other than colours and sweeteners.

(6) Richtlinie 2001/111/EG des Rates vom 20. Dezember 2001 über bestimmte Zuckerarten für die menschliche Ernährung.

Directive 2001/111/EC of the Council of 20 December 2001 relating to certain sugars intended for human consumption.

(7) Verordnung (EG) Nr. 2991/94 des Rates mit Normen für Streichfette vom 5. Dezember 1994.

Regulation (EC) No 2991/94 of the Council of 5 December 1994 laying down standards for spreadable fats.

(8) Richtlinie 2001/114/EG des Rates vom 20. Dezember 2001 über bestimmte Sorten eingedickter Milch und Trockenmilch für die menschliche Ernährung.

Directive 2001/114/EC of the Council of 20 December 2001 relating to certain partly or wholly dehydrated preserved milk for human consumption.

(9) Richtlinie 2000/36/EG des Europäischen Parlaments und des Rates vom 23. Juni 2000 über Kakao- und Schokoladeerzeugnisse für die menschliche Ernährung.

Directive 2000/36/EC of the European Parliament and of the Council of 23 June 2000 relating to cocoa and chocolate products intended for human consumption.

(10) Lebensmittel- und Bedarfsgegenständegesetz - LMBG vom 15. August 1974 mit mehrfachen Änderungen und Neufassungen.

(11) Verordnung (EG) Nr. 1493/1999 des Rates vom 17. Mai 1999 über die gemeinsame Marktorganisation für Wein.

Regulation (EC) No 1493/1999 of the Council of 17 May 1999 on the common organisation of the market in wine.

(12) Verordnung (EG) Nr. 1829/2003 des Europäischen Parlaments und des Rates vom 22. September 2003 über genetisch veränderte Lebensmittel und Futtermittel.

Regulation (EC) No 1829/2003 of the European Parliament and of the Council of 22 September 2003 on genetically modified food and feed.

(13) Verordnung (EG) Nr. 852/2004 des Europäischen Parlaments und des Rates vom 29. April 2004 über Lebensmittelhygiene.

Regulation (EC) No 852/2004 of the European Parliament and of the Council of 29 April 2004 on the hygiene of foodstuffs.

(14) Verordnung (EG) Nr. 853/2004 des Europäischen Parlaments und des Rates vom 29. April 2004 mit spezifischen Hygienevorschriften für Lebensmittel tierischen Ursprungs.

Regulation (EC) No 853/2004 of the European Parliament and of the Council of 29 April 2004 laying down specific hygiene rules for food of animal origin.

(15) Verordnung (EG) Nr. 854/2004 des Europäischen Parlaments und des Rates vom 29. April 2004 mit besonderen Verfahrensvorschriften für die amtliche Überwachung von zum menschlichen Verzehr bestimmten Erzeugnissen tierischen Ursprungs.

Regulation (EC) No 854/2004 of the European Parliament and of the Council of 29 April 2004 laying down specific rules for the organisation of official controls on products of animal origin intended for human consumption.

(16) Verordnung (EG) Nr. 882/2004 des Europäischen Parlaments und des Rates vom 29. April 2004 über amtliche Kontrollen zur Überprüfung der Einhaltung des Lebensmittel- und Futtermittelrechts sowie der Bestimmungen über Tiergesundheit und Tierschutz.

Regulation (EC) No 882/2004 of the European Parliament and of the Council of 29 April 2004 on official controls performed to ensure the verification of compliance with feed and food law, animal health and animal welfare rules.

(17) Richtlinie 2000/13/EG des Europäischen Parlaments und des Rates zur Angleichung der Rechtsvorschriften der Mitgliedstaaten über die Etikettierung und Aufmachung von Lebensmitteln sowie die Werbung hierfür.

Directive 2000/13/EC of the European Parliament and of the Council of 20 March 2000 on the approximation of the laws of the Member States relating to the labelling, presentation and advertising of foodstuffs.

(18) Verordnung (EG) Nr. 1830/2003 des Europäischen Parlaments und des Rates vom 22. September 2003 über die Rückverfolgbarkeit und Kennzeichnung von genetisch veränderten Organismen und über die Rückverfolgbarkeit von aus genetisch veränderten Organismen hergestellten Lebensmitteln und Futtermitteln sowie zur Änderung der Richtlinie 2001/18/EG.

Regulation (EC) No 1830/2003 of the European Parliament and of the Council of 22 September 2003 concerning the traceability and labelling of genetically modified organisms and the traceability of food and feed products produced from genetically modified organisms and amending Directive 2001/18/EC.

(19) Richtlinie 2002/72/EG der Kommission vom 6. August 2002 über Materialien und Gegenstände aus Kunststoff, die dazu bestimmt sind, mit Lebensmitteln in Berührung zu kommen.

Directive 2002/72/EC of the Commission of 6 August 2002 relating to plastic materials and articles intended to come into contact with foodstuffs.

(20) Vorschlag für eine Verordnung KOM/2003/424 endgültig COD /2003/0165 vom 16. Juli 2003 des Europäischen Parlaments und des Rates über nährwert- und gesundheitsbezogene Angaben über Lebensmittel.

Proposal for a Regulation COM/2003/0424 final COD/2003/0165 of the European Parliament and of the Council on nutrition and health claims made on foods.

(21) Verordnung (EG) Nr. 2065/2001 der Kommission vom 22. Oktober 2001 mit Durchführungsbestimmungen zur Verordnung (EG) Nr. 104/2000 des Rates hinsichtlich der Verbraucherinformation bei Erzeugnissen der Fischerei und der Aquakultur.

Regulation (EC) No 2065/2001 of the Commission of 22 October 2001 laying down detailed rules for the application of Council Regulation (EC) No 104/2000 as regards informing consumers about fishery and aquaculture products.

(22) Lebensmittel-, Bedarfsgegenstände- und Futtermittelgesetzbuch (Lebensmittel- und Futtermittelgesetzbuch - LFGB) vom 1. September 2005.

(23) Empfehlung 97/618/EG der Kommission vom 29. Juli 1997 zu den wissenschaftlichen Aspekten und zur Darbietung der für Anträge auf Genehmigung des Inverkehrbringens neuartiger Lebensmittel und Lebensmittelzutaten erforderlichen Informationen sowie zur Erstellung der Berichte über die Erstprüfung gemäß der Verordnung (EG) Nr. 258/97 des Europäischen Parlaments und des Rates.

Recommendation 97/618/EC of the Commission of 29 July 1997 concerning the scientific aspects and the presentation of information necessary to support applications for the placing on the market of novel foods and novel food ingredients and the preparation of initial assessment reports under Regulation (EC) No 258/97 of the European Parliament and of the Council.

(24) Richtlinie 2001/15/EG der Kommission vom 15. Februar 2001 über Stoffe, die Lebensmitteln, die für eine besondere Ernährung bestimmt sind, zu besonderen Ernährungszwecken zugefügt werden dürfen.

Directive 2001/15/EC of the Commission of 15 February 2001 on substances that may be added for specific nutritional purposes in foods for particular nutritional uses.

(25) Richtlinie 88/344/EWG vom 13. Juni 1988 des Rates zur Angleichung der Rechtsvorschriften der Mitgliedstaaten über Extraktionslösungsmittel, die bei der Herstellung von Lebensmitteln und Lebensmittelzutaten verwendet werden.

Directive 88/344/EEC of the Council of 13 June 1988 on the approximation of the laws of the Member States on extraction solvents used in the production of foodstuffs and food ingredients.

(26) Richtlinie 89/398/EG des Rates vom 3. Mai 1989 zur Angleichung der Rechtsvorschriften über Lebensmittel, die für eine besondere Ernährung bestimmt sind.

Directive 89/398/EEC of the Council of 3 May 1989 on the approximation of the laws of the Member States relating to foodstuffs intended for particular nutritional uses.

(27) Richtlinie 90/496/EWG des Rates vom 24. September 1990 über die Nährwertkennzeichnung von Lebensmitteln.

Directive 90/496/EEC of the Council of 24 September 1990 on nutrition labelling for foodstuffs.

(28) Richtlinie 91/321/EWG der Kommission vom 14. Mai 1991 über Säuglingsanfangsnahrung und Folgenahrung.

Directive 91/321/EEC of the Commission of 14 May 1991 on infant formulae and follow-on formulae.

(29) Verordnung (EWG) Nr. 1576/89 des Rates vom 29. Mai 1989 zur Festlegung der allgemeinen Regeln für die Begriffsbestimmung, Bezeichnung und Aufmachung von Spirituosen.

Regulation (EEC) No 1576/89 of the Council of 29 May 1989 laying down general rules on the definition, description and presentation of spirit drinks.

(30) Verordnung (EG) Nr. 2065/2003 des Europäischen Parlaments und des Rates vom 10. November 2003 über Raucharomen zur tatsächlichen und beabsichtigten Verwendung in oder auf Lebensmitteln.

Regulation (EC) No 2065/2003 of the European Parliament and of the Council of 10 November 2003 on smoke flavourings used or intended for use in or on foods.

(31) Verordnung (EG) Nr. 1935/2004 des Europäischen Parlaments und des Rates vom 27. Oktober 2004 über Materialien und Gegenstände, die dazu bestimmt sind, mit Lebensmitteln in Berührung zu kommen und zur Aufhebung der Richtlinien 80/590/EWG und 89/109/EWG.

Regulation (EC) No 1935/2004 of the European Parliament and of the Council of 27 October 2004 on materials and articles intended to come into contact with food and repealing Directives 80/590/EEC and 89/109/EEC.

(32) Verordnung (EG) Nr. 2081/92 des Rates vom 14. Juli 1992 zum Schutz von geographischen Angaben und Ursprungsbezeichnungen für Agrarerzeugnisse und Lebensmittel.

Regulation (EEC) No 2081/92 of the Council of 14 July 1992 on the protection of geographical indications and designations of origin for agricultural products and foodstuffs.

(33) Verordnung (EWG) Nr. 2092/91 des Rates vom 24. Juni 1991 über den ökologischen Landbau und die entsprechende Kennzeichnung der landwirtschaftlichen Erzeugnisse und Lebensmittel.

Regulation (EEC) No 2092/91 of the Council of 24 June 1991 on organic production of agricultural products and indications referring thereto on agricultural products and foodstuffs.

(34) Verordnung (EWG) Nr. 1907/90 des Rates vom 26. Juni 1990 über bestimmte Vermarktungsnormen für Eier.

Regulation (EEC) No 1907/90 of the Council of 26 June 1990 on certain marketing standards for eggs.

(35) Verordnung (EG) Nr. 2295/2003 der Kommission vom 23. Dezember 2003 mit Durchführungsbestimmungen zur Verordnung (EWG) Nr. 1907/90 des Rates über bestimmte Vermarktungsnormen für Eier.

Regulation (EC) No 2295/2003 of the Commission of 23 December 2003 introducing detailed rules for implementing Council Regulation (EEC) No 1907/90 on certain marketing standards for eggs.

(36) Verordnung (EWG) Nr. 1538/91 der Kommission vom 5. Juni 1991 mit ausführlichen Durchführungsverordnungen zur Verordnung (EWG) Nr. 1906/90 des Rates über bestimmte Vermarktungsnormen für Geflügelfleisch.

Regulation (EEC) No 1538/91 of the Commission of 5 June 1991 introducing detailed rules for implementing Regulation (EEC) No 1906/90 on certain marketing standards for poultrymeat.

(37) Verordnung (EG) Nr. 2406/96 des Rates vom 26. November 1996 über gemeinsame Vermarktungsnormen für bestimmte Fischereierzeugnisse.

Regulation (EC) No 2406/96 of the Council of 26 November 1996 laying down common marketing standards for certain fishery products.

(38) Verordnung (EG) Nr. 753/2002 der Kommission vom 29. April 2002 mit Durchführungsbestimmungen zur Verordnung (EG) Nr. 1493/1999 des Rates hinsichtlich der Beschreibung, der Bezeichnung, der Aufmachung und des Schutzes bestimmter Weinbauerzeugnisse.

Regulation (EC) No 753/2002 of the Commission of 29 April 2002 laying down certain rules for applying Council Regulation (EC) No 1493/1999 as regards the description, designation, presentation and protection of certain wine sector products.

(39) Verordnung (EWG) Nr. 1601/91 des Rates vom 10. Juni 1991 zur Festlegung der allgemeinen Regeln für die Begriffsbestimmung, Bezeichnung und Aufmachung aromatisierten Weines, aromatisierter weinhaltiger Getränke und aromatisierter weinhaltiger Cocktails.

Regulation (EEC) No 1601/91 of the Council of 10 June 1991 laying down general rules on the definition, description and presentation of aromatized wines, aromatized wine-based drinks and aromatized wine-product cocktails.